U0135397

考工格物

·Ⅳ·

润物

全球物的交往

潘天波

著

江苏凤凰美术出版社

图书在版编目（CIP）数据

润物：全球物的交往 / 潘天波著. —南京：江苏
凤凰美术出版社，2023.12
（考工格物）
ISBN 978-7-5741-0459-4

Ⅰ.①润… Ⅱ.①潘… Ⅲ.①丝绸之路 – 文化交流 –
文化史 – 研究 – 世界 Ⅳ.①K103

中国版本图书馆CIP数据核字(2022)第230016号

选 题 策 划	方立松
责 任 编 辑	唐 凡
责 任 校 对	王左佐
责 任 监 印	唐 虎
责任设计编辑	韩 冰

丛 书 名	考工格物
书　　名	润物：全球物的交往
著　　者	潘天波
出版发行	江苏凤凰美术出版社（南京市湖南路1号　邮编：210009）
制　　版	江苏凤凰制版有限公司
印　　刷	苏州市越洋印刷有限公司
开　　本	890mm×1240mm　1/32
印　　张	7
字　　数	228千字
版　　次	2023年12月第1版　2023年12月第1次印刷
标准书号	ISBN 978-7-5741-0459-4
定　　价	98.00元

营销部电话：025-68155675　营销部地址　南京市湖南路1号
江苏凤凰美术出版社图书凡印装错误可向承印厂调换

潘天波简介

· 艺术史博士

· 中国艺术文化史学者

· 江苏师范大学工匠与文明研究中心教授

· 国家社科基金重大项目首席专家、负责人

· 央视百家讲坛《好物有匠心》主讲人

· 年榜"中版好书""凤凰好书"和月榜"中国好书"作者

· 江苏南京社会科学普及公益导师

· 江苏南京长江文化研究院特约研究员

内容提要

在全球范围内，物的交往是全球史发生的重要纽带，也是全球史发展的根本基础。本著站在全球史观视角，基于丝路物质文明交往、丝路制度文明交往和丝路精神文明交往三大层面，围绕器物、技术、制度、经济、艺术、文学、宗教等七大要素展开研究，旨在建构丝路工匠文明交往的全球历史、全球经验和全球价值三大体系，以期为当代丝路文明发展提供历史依据与理论支撑，并回击欧洲文明中心论思想，展示全球文明的交往互鉴的重要性和必要性。

序

在全球史（global history）视野下，一部丝路史或许就是一部物的交往史。全球"物的交往"（exchange of goods）是人与人交往的重要形式。在马克思交往理论体系中，物质交往是精神交往的基础与条件，精神交往是物质交往的跨域与突破。物质交往是社会关系以及上层建筑发展的需要，它能催生新的生产力及其文明空间诸多领域的变化。

在物质文明层面，本著界定了相关研究边界，梳理了全球中华技术物的分布，展示了欧洲、非洲、美洲和亚洲的丝路中华技术物景观，分析了"贸易—朝贡—宗教"的丝路技术物的传播路径，阐释了螺旋式传播、中介式传播、意向式传播等传播机理，建构了全球丝路技术物在生活系统、伦理系统、技术系统和文明系统中的影响体系。

在制度文明层面，从丝路中华技术物全球流通入手，阐释了丝路华物（即丝路上的中华器物、货物／商品物以及其他艺术物等）给西方文明所带去的在思想资源、制度资源和技术资源方面进行重组的力量，分析了丝路华物在西方国家产生的时空缔造功能与建构的文明价值体系，昭示出世界文明体系中各大文明的互动性与交流特质，证明了西方文明制度绝非静止、孤立发展的文明体系，回击了欧洲文明中心论者的偏见，重估了中华文明在世界文明框架中的价值。

在精神文明层面，从侨易论视角出发，分析了器物的空间位移系统（"侨"）、时间变易系统（"易"）和时空逻辑系统（"因侨致易"）三大精神文明互鉴体系，拓展了中华物在时间性、空间性和逻辑性上的结构性内涵，彰显出中华器物的位移功能与质变价值，显示出来华传教士对中华诸物的描述既是基于欧洲文明体系或基督教文明立场的中国观察，又是欧洲社会殖民贸易、技术思潮和奢靡文化的文本回应。

在研究方法层面，鉴于丝路文明史研究的多元性和复杂性，本著援引了历史人类学、时空社会学、文化传播学等复合性研究范式。在丝路文明史研究之中援引复合性研究范式，能基于问题意识开启对丝路文明史书写策略与路径的研究。此外，采用全球史研究方法，拓宽了丝路研究领域。在全球史视野下，以丝路物的侨易为研究对象，能够较为详细地考察全球丝路文明互鉴，进而在全球范围探讨物的位移以及全球民众在丝路物的侨易中激发的文明想象与创生。

在解决实际问题层面，本著首先提出丝路文明互鉴交流体系理论。该理论是对丝绸之路沿革的文明历史信息的系统梳理、发掘和学理阐释，是对中国与丝绸之路沿线其他国家文明交流与相互影响的系统阐释和跨时空比较，是对丝路文明文化交流、融合、互溢而出现的样态和现象的系统论证。其次，提出丝路文明整体观。丝路文明构成人类文明史较具时空整体性的文化世界，表达了人类各文明的交汇及其精神，昭示丝路是中国向世界输出文化的桥梁，器物是中华文化与艺术丝路的传播载体，也是世界工匠精神或民族精神传播的物质符号。它反映了中华古代的技术与文化水平，显示了中华文明的民族特色、国家身份与世界地位。丝路器物也成为中国美学向世界传播的重要载体，其艺术秉性散发出中国古典美学思想气息。最后，提出丝路文明史知识体系论。丝路文明知识体系包括丝路空间文明知识体系、丝路时间文明知识体系、丝路学科文本知识体系等。丝路是全球文明思想体系建构之路，丝路文明知识体系是人类知识体系生发、交流、融合与互鉴的重要形态。以知识体系的视野来看待与研究丝路文明史，有利于避免文化相对主义、种族中心主义和欧洲中心主义的文明史书写偏见。

简言之，物从来都是流动的，它的文化、思想与艺术在全球范围内是运动的，是互动的，也是互鉴的。"物的交往"是全球史发生的重要纽带，也是全球史发展的根本与基础。丝路上"物的交往"是全球"物的流动"及其"思的流动"的产物，也是"物的传播"本身的需要。丝路上"物的交往"改变了人类交往的思想与制度，推动了全球文明的传播与互鉴，加速了全球文明进程。

是为序，以志其旨。

潘公凯

辛丑年，2月28日

目录

目录

目录

目 录

◆

—— 第五章 ——

亚洲工匠对话：中国和波斯的相遇

◆

目录

目录

◆

—— 跋 ——

潘天波《考工格物》书系

引论

就文明史研究范式而言，尽管单向性研究范式有利于集中揭示文明史的普遍共识或局部历史，但也存在研究问题意识不显与路径模糊的困境。鉴于丝路文明史研究的多元性和复杂性，援引历史人类学、时空社会学、文化传播学等复合性研究范式及其核心要素显得十分必要。历史人类学研究范式能有效揭示丝路主体的行为与结构，时空社会学研究范式能阐释丝路文明的时空侨易及其本质，文化传播学研究范式能展示丝路文明传播中的互动、互融和互鉴的价值追求。

"文明"这个词在各个国家或民族文化体系中有不同的理解①。正如诺贝特·埃利亚斯（Norbert Elias，1897—1990 年）指出的那样，"这个词在英、法两国和在德国的用法区别极大。在英、法两国，这一概念集中地表现了这两个民族对于西方国家进步乃至人类进步所起作用的一种骄傲；而在德国，'文明'则是指那些有用的东西，仅指次一等的价值，即那些包括人的外表和生活的表面现象。在德语中，人们用'文化'而不是'文明'来表现自我，来表现那种对自身特点及成就所感到的骄傲"②。很显然，文明概念的内涵具有很大的不确定性③，人们对它的解释与使用也存在很大的差

▲ 图 0-1　诺贝特·埃利亚斯

异：在哲学视野，文明或指向观念[④]、价值、意识形态[⑤]等意涵；在艺术学视野，文明或指向建筑、绘画、音乐、舞蹈等艺术门类的艺术性、审美性和技术性[⑥]；在历史学视野，文明或指向宏观的物质文明、制度文明、行为文明和精神文明，或指向微观主体行为的结构、过程和结果。由于文明的概念意涵的不确定性，它或给文明史的研究带来较多的范式困惑与意义陷阱。

　　尽管有关文明史的研究困惑重重，但一直以来人们对文明史的研究都是孜孜不倦的。自18世纪始，法国启蒙思想家伏尔泰（Francois-Marie Arouet，又名Voltaire，1694—1778）用"文明"概念书写历史以来，文明史已然成为"欧洲历史学家主要用以显现民族国家历史的一面老镜子"[⑦]。汤因比、布罗代尔、基佐（Francois Guizot，1787—1874）、巴克勒、斯宾塞、福泽谕吉、伯恩斯、佩里等一大批杰出的研究者，都曾为世界贡献了有关文明史的经典著作。1902年，梁启超（1873—1929）发表《新史学》，积极倡导"史界革命"，主张"文明或文化史学"[⑧]的研究。由此，文明史的书写在中国也开始流行起来。对于中外历史学家而言，"运用文明史来编纂历史已经成为共识"[⑨]。因此，文明史日渐成为历史学家研究历史的重要工具[⑩]。然而，正如基佐在《欧洲文明史》（*The History*

▲ 图0-2　伏尔泰

Civilization in Europe）中所言，"文明史是最伟大的历史史实，它综合了其他所有历史的成果"[⑪]。因此，历史学家对文明史的研究是异常困难的，具有问题意识的文明史更是难以书写。很明显，就文明史研究而言，在庞杂的历史史实或历史成果中，梳理出问题或研究的路径显得尤为关键。因此，不断发展与创新文明史研究范式是十分必要的。

一、研究范式的困境与修复

何谓"范式"？以色列艺术评论家齐安·亚菲塔（Tsion Avital）在《艺术对非艺术》（*Art Versus Nonart*）中如是指出："一个范式，是一个概念或理论，能以最涵盖的方式来概括或解释一个存在的某一特别方面在各个层面上的联系和相互关系。"[⑫]显然，研究范式或工具理论对于阐释对象的逻辑关系与意义网络发挥着重要的作用。

近年来，丝路文明史研究渐成显学。但目前在丝路文明史研究中，单向的考古学、艺术学、文学、宗教学、地理学、民族学等是丝路文明史研究主要的工具范式[⑬]。这种单向研究范式非常有利于集中揭示丝路文明在单向领域的特征、结构与过程，但同时易出现只关注丝路文明单向的表象历史

▲ 图 0-3　高丽竹鹤图青釉梅瓶

或普适性问题，从而忽视丝路文明史的复杂问题及其关键路径，因为丝路文明史本身就是一个包含众多学科范式的文明史，仅仅依赖单向的范式工具是不够的。譬如，丝路上的糖文明史、漆文明史、瓷文明史等，尽管它们在表象上仅仅涉及糖、漆、瓷等的丝路文明交流与互鉴，但其背后涉及复杂的政治史、经济史、交通史、生活史、社会史等众多门类的知识体系，还包括时空、身体、美学、艺术、自然、交换、种植、气候、装饰等一系列与它们密切相关的知识领域。

那么，如何选择丝路文明史研究的新范式？齐安·亚菲塔如是说："范式从不暴死，它像动物那样，首先要经历一个逐步退化和衰落的阶段。在范式上出现明显的裂缝时，没必要急着把它扔掉，而是首先千方百计地想把它修补好。"[14] 显然，齐安·亚菲塔在丝路文明史研究范式的选择上提出了一种可资借鉴的路径——不必"扔掉"先前具有生命力的单向范式，可以先"千方百计地""把它修补好"。进一步地说，从先前单向的丝路文明史研究范式向复合的丝路文明史研究范式转型，就是一条"修复"范式的可行路径。或者说，这是一条深化前人学术造诣和开辟适合研究对象新范式的路径。"每个人都想另起炉灶，而不是深化前人的造诣。在这么一种情势下，不可避免的结果，是肤浅平庸，分崩离析。"[15] 复合的丝路文明史研究范式，就是基于先前范式"修复"出来的新范式，而不是生造出来的一种极端的、混乱的多元状态的范式。它将有效回避丝路文明史研究单向范式带来的问题意识不显和研究路径狭窄的缺憾。

需要指出的是，复合研究范式不是单向研究范式的简单相加，而是某两种具有亲缘关系的单向研究范式的共谋与联姻。譬如，"时空社会学"[16] 并非"时空"＋"社会学"的二元组合，也不是"时间社会学"＋"空间社会学"的简单合并。一旦"时空"和"社会学"联姻，便生成"时空性问题"或"时空化问题"的社会学研究偏向，即让"时空"为解决社会学关键问题"定性"，并始终参与社会学的"结构化"过程。换言之，一个复合研究范式的问题意识和阐释路径是非常明确的，这对于抓住问题和解决问题的文明史研究而言是有利的，因为问题意识和阐释路径有益于"文明史学家们摒弃毫无意义的事实的堆积，力求在历史发展的洪流中发现一定的条理，然后依据这种条理再理解历史事实。"[17] 也就是说，在大量文明史的证据或文明史的材料中找到一种可阐释的问题和理论路径是十分可贵的。

二、研究范式的援引

就文明史自身而言，人类（主体）、时空（宇宙）和文化（文明化人）无疑是关键的结构要素，因为文明史首先是"人类性的文明史"[18]，"时空"是文明史发生和展开的必然依赖和载体，至于"文化"，则是"一个与文明史俱进的策略解释变量"[19]。那么，文明史首先一定是人类史、时空史和文化史。为此，在接下来的讨论中，笔者拟援引历史人类学、时空社会学和文化传播学三大复合研究范式，阐释它们对于丝路文明史研究的契合性与对应性，以期扩展丝路文明史研究范式从单向范式向复合范式转变的路径，进而更好地为丝路文明史研究提供崭新的范式工具。

1. 历史人类学范式及其核心要素

在人类历史中，丝路文明史不过是人类文明史的一个区域性知识体系，一部丝路文明史首先是一部历史的人类学史，它所涉猎的内容是广泛的。这里还是引用诺贝特·埃利亚斯的经典论断。他在《文明的进程：文明的社会起源和心理起源的研究·第二卷：社会变迁　文明论纲》中指出："文明进程的研究者面临着一大堆的问题，在这里撇开几个最重要的问题不说，先谈一个一般性的问题……文明进程是人的行为与感觉在某一方向的改变。"[20]这就是说，"人的行为和感觉的变化"是研究文明史的一般性问题。实际上，丝路文明史和其他文明史一样，首先应该是人的历史和人的文明史，特别是研究丝路人的行为及其精神（感觉）变化。巴克尔（Henry-Thomas-Buckle，1821—1862）曾在《英格兰文明史》（*The History of Civilization in England*）中指出："我们必须转向历史研究方法来研究精神领域的现象，因为它们始终贯穿于人类行为的过程中。"[21]换言之，文明史的研究必须始终不能忘却"人类行为"的研究。

在当前，丝路文明史或丝路学研究对丝路主体人的研究是不自觉的，或者说丝路文明史的研究还缺乏对人类学的深层次思考。很明显，"人类学的缺位"[22]是丝路文明史研究范式不成熟的表征。譬如，对丝路文明史的亟待展开医学人类学、生态人类学、艺术人类学、政治人类学、经济人类学等领域的研究，集中探讨丝路医学史、丝路生态史、丝路艺术史、丝路政治史、丝路经济史中的人类学机制与规律。或者说，需要学者从医学行为、生态行为、艺术行为、政治行为、经济行为等视角切入人类学的丝路文明史研究。总之，历史人类学是研究丝路文明史的首要范式。

从本质上看，丝路文明史是丝路及其相关空间中"丝路人的文明"和"作为类的丝路历史"。"丝路人"始终是丝路文明史的核心研究对象。从狭义上看，所谓"丝路人"，即丝路上的商人、传教士、工匠、使者、邮驿、旅者以及其他与丝路相关的群体，他们才是丝路文明史的书写者、结构者和完成者。研究丝路文明史的学者所要做的工作就是认识这群"丝路人"及其开展的行为活动，包括航行、探险、经商、传教、旅行、学习、战争、传播、访问、馈赠、赏赐、朝贡、祭祀、路记、墓葬等，进而去阐释或编织丝路行为的逻辑关系、意义网络和变化规律，即创生一个丝路行为范式——"结构"，进而为后续人群或社会提供具有历史参照意义的行为逻辑。譬如，书写"丝路工匠文明史"，即首先要书写丝路工匠群体的行为史，包括他们的造物史、审美史、艺术史、技术史、装饰史、风俗史等，还包括他们的生活史、迁徙史、侨居史、商业史、奴役史、制度史等。对此"工匠行为史"书写或阐释的主要目的在于，发现工匠行为的历史意义场域，揭示出丝路工匠行为的行动逻辑、过程特征和意义网络。如此书写的目标与价值在于为历史的现在提供有价值的经验镜像，也为历史记忆和文化传承提供历史的知识资源。毋庸置疑，"（历史）行为—（意义）结构—（现时）行为"构成一部完整的历史人类学知识运行体系，其中，"行为"和"结构"构成历史人类学的两大核心要素。

行为是文明的标记，福柯（Michel Foucault，1926—1984）在

▲ 图 0-4　福柯

《疯狂与文明：理性时代的疯狂史》（*Madness and Civilization*：*A History of Insanity in the Age of Reason*）中一再证实了这样的观点[23]。因此，行为是文明史研究的核心策略变量。对于丝路文明史研究来说，首先要处理好两种行为——历史行为和现时行为。就历史行为而言，丝路文明史本质上就是丝路群体的文明史，包括丝路商旅史、丝路传教士史、丝路工匠史、丝路茶帮史、丝路海盗史、丝路航海家史、丝路艺术家史、丝路客家史、丝路华商史等。围绕丝路主体及其行为的丝路文明史，构成丝路文明史知识体系的核心内容，也是丝路文明研究的关键对象，因为"丝路主体"或"丝路人"是丝路行为及其全部展开的主体，离开丝路主体的文明史研究是不存在的，也是不可取的。譬如，丝路工匠史就是丝路文明史的重要研究对象。但遗憾的是，丝路工匠史几乎被研究者所遗忘。不过，有较多学者研究丝路工匠行为对象的"物"——瓷器、漆器、丝绸、陶器、绘画、珐琅、玉器、青铜器等，以至于形成丝路瓷器史、丝路漆器史、丝路丝绸史、丝路陶器史、丝路

▲ 图0-5　18世纪法国制造的中国风瓷器

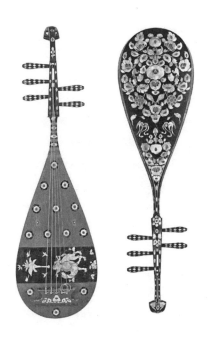

▲ 图 0-6　日本正仓院藏唐代螺钿琵琶

绘画史、丝路珐琅史、丝路玉器史、丝路青铜器史等系列物质知识体系。如此，"见物不见人"的丝路文明史研究的缺陷，就是遮蔽了丝路物背后的丝路行为主体，即遮蔽了丝路工匠在丝路活动中的身份、地位和价值，掩盖了丝路工匠在全球交往、交流中的功能与作用，忽视了丝路主体的关系逻辑与行动意义。譬如，在研究中国瓷器在非洲的传播时，很少有学者研究非洲的"中国工匠村"，大量侨居、迁徙、贩卖或通过其他途径前往非洲的"痛苦的"工匠史被遮蔽，而被放大的仅仅是中国"奢华的"瓷器艺术对非洲文明的影响。再譬如研究中国漆器在日本的影响时，学者们几乎一致地、如数家珍地阐释中国奢华的漆器在日本的传播、成长及对日本的影响，却很少有学者研究在日本的中国侨民漆工。居住在日本的大量的中国漆工的生活、风俗、审美、艺术等，被奢华的漆器遮蔽，仅仅从"实物""田野""考察"中将目光聚焦于器物本身，研究中日漆器文明交流情况。如此唯"物"偏向的丝路文明史研究，或局限在考古学、艺术学、传播学、历史学等单向度领域，放弃了丝路文明史的行为主体复杂领域的复合研究。这在研究范式的选择上是很危险的，或收窄了丝路文明史研究的通道。

作为丝路文明史的研究者，从丝路行为的人或人的行为出发，能较容易构建丝路行动结构的逻辑关系和意义网络。"行动结构"是理解丝路行为人或丝路文明史的关键要素。就皮亚杰（Jean Piaget，1896—1980）的结构人类学而言，结构方法论明晰了结构中的要素及其功能，但忽视了历史的结构化特征，即忽视了结构动机和结构过程。丝路文明史绝非仅仅是丝路要素史那么简单，它是非常复杂的结构化的社会文明历史。历史人类学或扬弃了结构人类学的弱点，看到了历史本身的结构在人类学史上所发挥的作用——结构化，也就是说，结构本身参与了人类化和社会化的全过程。譬如，巴西的水磨技术或来源于中国。巴西历史学家弗朗西斯科·阿道夫·德瓦尔雅热（José Roberto Teixeira Leite）认为，葡语"manjolo"（水磨）一词或源于汉语"磨"[24]，它或是葡萄牙殖民者布拉斯·库巴斯（Bras Cubas）将传入葡萄牙的水磨带到巴西后产生的。水磨技术对拉美的影响可能涉及饮食习惯，甚至关系到他们身体结构的改变。很显然，技

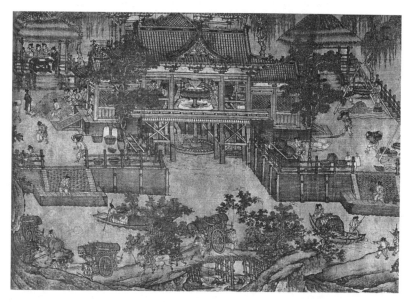

▲ 图 0-7　五代《闸口盘车图》中的水磨

术行为或行为技术对文明的塑造产生深刻的影响。刘易斯·芒福德（Lewis Mumford，1895—1990）在 1934 年出版的《技术与文明》（*Technics and Civilization*）中就反复强调技术的历史及其在塑造文明和被文明塑造中的相互作用㉕。换言之，中国工匠、布拉斯·库巴斯以及享受中国磨的巴西民众之间构成一个复杂的行动结构和行动网络。中国工匠制磨（起因）、葡萄牙人传播磨（中介）和巴西人用磨（结果）的逻辑关系，再现了丝路文明交流与互鉴的过程逻辑和意义网络。中国工匠、葡萄牙人和巴西人的全部行动结构是互联的，而行动的逻辑关联均由丝路引起，其行动意义是通过丝路行动结构展现出来的，绝非行动个体的本来意愿。也就是说，中国工匠制磨不是为了葡萄牙人传播或巴西人使用，葡萄牙人传播磨也不是为了巴西人或中国人。很明显，中国磨的全球传播及其意义生成是在丝路行为人的行动结构中产生的。历史人类学在解释行为人的行动结构层面具有很强的优势，或者说，阐释行动结构的历史或规律是历史人类学的使命。

就研究意义或价值而言，"再结构"或"再结构化"是历史人类学研究的目标追求。丝路文明史研究中所凸显出来的行为结构——逻辑关系和意义网络，其作用在于启迪或参与"历史的现在"（现时）。正如布罗代尔（Fernand Braudel，1902—1985）所言，"文明史"的追求就是"过去解释现时"㉖。他认为："历史同时是对过去和对现时的认识，是对'已经发生'的和'正在进行'的演变的认识，因而在每段历史'时间'内——无论是昨天或是今天——，都要区别持续存在的因素和转瞬即逝的因素……为了认识现时，必须研究迄今以来的全部历史。"㉗或者说，让历史行为结构为现时行为提供历史的支撑或依据，进而观照现在的历史结构再结构化。譬如，历史的丝路行为结构就能为当代的"一带一路"行为结构提供智慧，或能为当代的全球治理行为结构提供参照。实际上，"一带一路"的行动结构化历史构成历史上丝路文明史的知识序列。从历史纵向看，历史人类学所研究的结构或再结构是"动态的结构"或"动态的再结构"，这与动态的丝路文明史研究是非常契合的。

简言之，历史人类学范式与丝路文明史研究至少具有两大契合要素：行为与结构。它的价值在于有效提出丝路文明史研究的行为问题和结构路径。换言之，在丝路文明史研究中援引历史人类学，能唤醒研究者和研究对象的关键问题意识和核心潜在路径，并提供有关丝路文明史研究的可靠方法论。

但对于人类文明史，丝路文明史仅仅是"线性文明史"或"区域文明史"，尽管它不能与人类文明史发展完全契合，但动态的历史人类学研究范式或能揭示出丝路人普遍的行为规律与实践结构。

2. 时空社会学范式及其核心要素

与其他文明史研究一样，丝路文明史研究首先遇到的是两个核心问题：时间问题和空间问题。"时间问题"，即在时间维度上，丝路文明史的生成、发展和结构的历时性演绎是如何展开的问题；"空间问题"，即在空间维度上，丝路文明史的跨地区、跨民族、跨文明的共时性扩张是如何延展的问题。问题的复杂性在于，任何文明史研究中的时间问题和空间问题都是相互纠缠的，即时间问题中凸显空间问题，空间问题中存在时间问题。也就是说，时间问题和空间问题是丝路文明史研究中的一对矛盾体[28]。丝路文明史正是在这样的时空矛盾中生成、结构与发展的，丝路行为人始终离不开时空结构[29]。因此，丝路是特定时期内丝路行为人的行为空间及其慢慢生成的"文化区域"[30]。另外，在这样的特定区域空间内所发生的行为现象又是社会现象的集中体现。如果说时空结构是社会发展结构的基本要素[31]，那么对于社会结构缩影的丝路文明史而言，时空结构更是丝路文明史研究的关键要素。因此，时空社会学范式是丝路文明史研究的必然选择。

在社会学研究领域，时间中的变化、周期、间隔、重复等是研究者所关注的要素，空间中的情境（环境）、场域（网络）、资源（自然和社会）、生态（系统）等也同样是研究者所关注的要素。但围绕时间中心论或空间中心论思维展开丝路文明史研究，容易陷入时间决定论或空间决定论陷阱，因为绝对的物理时间和自然空间并非影响社会发展的决定要素，相对的社会空间也不等同于机械时间和地理空间。那么，如何整合和化解特定社会时间内的空间矛盾，或特定空间中的时间矛盾？时空社会学的提出与研究，或已成为社会学研究的一个转向，即能通过时空结构变量弥补时间中心论或空间中心论的局限。所谓时空结构，它指向了时空主体的互动、互为和互惠的结构化动态意涵，进而走出时空本身的纠缠，因为就社会学的发生与结构过程而言，一旦时空与社会学联姻，社会时空或社会化时空的行为主体便参与了社会结构过程。社会行为的重构来自时间和空间的变换[32]。对于丝路文明史来说，丝路主体的本体论研究和丝路时空的结构性研究是时空社会学非常关键的研究领域。或者说，丝路主体和丝路时空是丝路文明史研究的核心要素。

除了丝路人之外，丝路主体还涉及丝路沿线的团体、民族、国家以及较大的文明体。在各个历史时期，具有特定时间性的丝路主体参与了丝路文明结构的形成和发展过程，并在特定空间推动丝路文明的交流与互鉴。譬如，敦煌文明史就是丝路文明史的标本，是丝路沿线各大文明体对话与交流而最终形成的丝路上较大的丝路主体文明体。各大文明体中的商人、工匠、画家、宗教徒、皇帝等共同参与了丝路文明的交流与对话，形成敦煌商贸史、敦煌工匠史、敦煌艺术史、敦煌宗教史、敦煌经济史、敦煌制度史、敦煌建筑史等丝路文明史。可见，丝路主体对于丝路文明史过程以及过程中的结构

▲ 图 0-8 敦煌莫高窟 45 窟彩塑

化演变具有关键的推动作用。实际上，所有丝路上的建筑，如驿站、船坞、港口、教堂、寺庙、客舍、商铺、钱庄、码头等空间性景观都是丝路主体行为的产物。这些空间所涉的环境、资源、生态等不是丝路文明史形成的决定因素，它们只是丝路文明史诞生的外在因素。真正决定丝路文明史形成的，是丝路主体，这个丝路主体即为社会主体。譬如，张骞出使西域或郑和下西洋的历史动因是由他们所在特定时间内的社会主体决定的，而西域或西洋丝路空间的出现也是由特定时间内的社会主体决定的。换言之，丝路主体是书写丝路文明史的核心要素。

就时空要素而言，丝路文明史的时间纵向生成和空间横向结构的特征是明显的。从大的时间轴来说，前丝路文明史（汉代以前）、丝路文明史（汉代至清代）和后丝路文明史（当代）构成丝路文明史的三大发展阶段。就地域空间而论，陆上丝路文明史、海上丝路文明史、草原丝路文明史、南方丝路文明史、北方丝路文明史等构成丝路文明史的空间分布。不过，没有绝对的时间丝路文明史或空间丝路文明史，丝路文明史是时空结构与过程的产物。任何物理空间的社会空间论或时间维度的社会本体论都不是研究丝路文明史的理想方法论选择。丝路文明史是丝路的时空实践和时空表象构成的时空文明的历史。这里的时空绝非物理时间和自然空间的时空。就丝路文明史历时性研究而言，"时"意味着历史之"变易"，而客观的丝路历史又是"不变"的历史。研究者就是阐释或处理丝路上"变易"之时和"不变"之时的深层次矛盾，阐释丝路时间矛盾背后的行为逻辑与发展规律。譬如，对互动、交融、对话和互鉴的客观丝路文明史的阐释与分析，旨在找到各个时代丝路文明史的变化及其规律，这就是书写丝路文明史的价值与意义。就丝路文明史的共时性研究而言，"空"意味着空间之"侨易"，而客观的丝路空间又是固定不移的。譬如，丝路上的敦煌空间是固定不移的，丝路上对话与交流的文明体空间也是相对固定不移的。但是，丝路空间中的"物"和"人"是移动的，而这些丝路空间中的"人"和"物"是特定空间语境下的"人"和"物"，只要他们移动，空间的文化、文明等自然会产生位移。因此，时空社会学之"时空"意味着"变易"，意味着"侨易"。也就是说，丝路文明史因"变"（时间）而生"易"，因"侨"（空间）而致"易"。或者说，时空社会学又称"侨易社会学"，它所包含的"时空"蕴含着"侨"的行为特征与偏向，包含"易"的逻辑关系与结构意义。正因为时空社会学范式具有"侨"与"易"的行为特征、逻辑关系与结构意义，所以它与丝路文明史研究之间有一定的对应性。

更进一步地说，"丝绸之路"就是一条"侨易之路"。或者说，在现象层面，丝路文明史即为全球侨易文明史的范畴，丝路即为一种全球性的"侨易现象"。所谓"侨易现象"，即"在质性文化差结构的不同地域（或文明、单元等）之间发生的物质位移，有一定的时间量和其他侨易量作为精神质变的基础条件，并且最后完成了侨易主体本身的精神质变的现象"③。很显然，丝路的"物质流动"即"物质位移"，丝路沿线的不同文明主体在"物质位移"中产生"精神质变"的现象是普遍的。因此，学者叶隽提出的"侨易论"④不失为一种全新的认识论与方法论。对于丝路文明史研究，"侨易史"的视角无疑是一种独特的学术视界与研究路径。那么，丝路文明的"侨易史"首先要关注丝路文明流动和交往的"侨文明史"，然后关注丝路文明互动而产生变易的"易文明史"，还要关注因"侨"而致"易"的丝路文明发展逻辑文明史。"侨文明史"强调丝路文明空间维度的历史，"易文明史"关注丝路文明时间维度的历史，"逻辑文明史"是关注异质文化如何相互作用与精神变形的普遍逻辑。换言之，"丝路文明史"研究的核心内容指向的是"侨文明史""易文明史""逻辑文明史"，这也是时空社会学范式的理论优势和工具力量。或者说，丝路文明史研究的核心指向与时空社会学范式的理论关注点是对应的、契合的。

3. 文化传播学范式及其核心要素

文明乃是文化的结晶，或是文化的高级形态。诚如多米尼克·戴泽（Dominique Desjeux）所说，文化就是一个与文明史俱进的解释策略变量。因此，文明史的研究必然是以文化史研究为基础的。另外，就丝路而言，在根本上，丝路主体的行为是一种文化行为，而且这种文化行为的结构与过程主要是借助跨时空的丝路传播来实现的。因此，文化传播学也是丝路文明史研究可选择的重要范式。

尽管不同文明体之间的交往与互动是困难的，但丝路一方面增加了区域文化的互动与互鉴，另一方面也加速了全球跨文化传播的速度。丝路主体行为是区域文化互动的行为，更是全球跨文化行为。对于丝路文明史研究来说，"跨"是其研究的核心要素；同时，丝路行为的结构是交流、融合的过程，"融"也是丝路文明史研究的核心要素。丝路主体的跨文化行为决定丝路文明史的跨越特征，至少表现在时间跨越、空间跨域、文明体跨越、民族跨越、宗教跨域、语言跨域等方面。被跨越的文化在彼此交流、对话和互鉴中实现诸多方面的交融，如观念交融、绘画交融、建筑交融、技术交融、审美交融、宗教交融等。"跨"是"融"的基础与力量，"融"是"跨"的延展与结果。丝路是横跨在世界各民族之间的桥梁，对话和交流是丝路各民族融合与互鉴的手段，融合和谐与互鉴学习是丝路精神的最高体现。

从"跨"的概念出发，传播学因此出现了文化间传播、跨国传播、跨域传播、全球传播、世界传播、跨境传播、跨界传播等概念，这些概念的基本诉求是基于互动而展开的。因此，丝路文化传播学研究范式的核心要素是互动。对于丝路文明史来说，文明互动[35]是它的本质特征。或者说，丝路文明史就是一部互动的文明史。法国年鉴派史学家费尔南·布罗代尔（Fernand Braudel）在《十五至十八世纪的物质文明、经济和资本主义》（*Civilisation Materielle, Economie et Capitalisme: XVe-XVIIIe Siecle Tome I*）中描述道："甘蔗原产恒河三角洲与阿萨姆之间的孟加拉海岸……甘蔗于八世纪引入中国，很快就适应了广东省广州附近的丘陵地带的水土……十七世纪时，荷兰东印度公司顺利地组织中国的糖向欧洲出口。"[36]很显然，丝路上的流动与传播是相互的，具有溢出与反溢出的互动功能。如果说孟加拉海岸的蔗糖"征服了世界"，那么中国漆、中国瓷和中国丝绸同样通过丝路征服了全球。但到了明代晚期，欧洲的瓷器和日本的漆器又倒流至中国。实际上，丝

▲ 图 0-9　浙江吴兴出土的良渚文化绢片

路不仅加强了人们跨民族、跨地区的互动意识，还增强了全球文明的互溢和互鉴意识[35]。与此同时，"征服文明"或文明的"优势依靠"[36]互动模式也开始了。17—18世纪的欧洲工业革命文明大肆征服亚洲文明和南美文明，世界文化与文明的互动和交流为彼此文明的对话与交融提供了试图征服他者文明的冲动，甚至引发出破坏他者文明的欲望。因此，"跨文化"或"跨文明"的进程是曲折的，甚至带有血腥味。

从"融"的概念出发，传播学因此出现了融媒体传播、多媒体传播、新媒体传播等概念，这些概念的基本内涵指向"交和"。因此，交和也是丝路文化传播学的核心要素之一。或者说，丝路文明史就是一部多领域交和的文明史。从宏观上分类，丝路文明史至少包括物质文明史、非物质文明史、制度文明史、精神文明史等；从微观视角看，丝路文明史至少包括器物文明史、丝绸文明史、商业文明史、宗教文明史、航海文明史等。文明史的发展过程和结构是守旧的，也是不易改变的。譬如费尔南·布罗代尔在《十五至十八世纪的物质文明、经济和资本主义》一书中描述道："椅子大概于公元二或三世纪传入中国，历时很久才成为常用家具。不管椅子经过什么途径到达中国（通过波斯、印度或者华北），它的起源地必定是欧洲……重要的是椅子和矮凳要求的坐姿，即一种生活方式，与古老中国的一系列习惯相反，也与亚洲其他国家及所有非欧洲国家的习惯相反；如果说椅子经过波斯或印度传入中国，它在这两个国家却没有像在中国那样得到广泛传播……对于中国来说，接受椅子意味着接受一种新的生活艺术。这一生活艺术并不排斥旧的生活方式，因此尤见新颖。"[37]换言之，丝路文化的传播是一个极其漫长的过程，丝路文明的形成需要彼此文明的漫长互动与交和，并非一蹴而就的。

无论是跨文明的交互还是融文明的交和，它们的共同行为特征是交流。丝路主体在跨文明传播中，彼此互鉴对方的优势文明，进而在交和中发展各自的文明体。譬如，古代波斯文明的最大特点就是，它是横跨古希腊、北非、欧洲、亚洲等空间的优秀文化，尤其是汲取诸多文明之长而熔铸的波斯艺术文明，进而一度成为欧洲"艺术的圣地"。再譬如，日本文明既大量汲取中国文明，也在明治维新之后汲取西方文明，进而熔铸形成。另外，在15—16世纪，葡萄牙帝国已然发展成为世界上最为强大的殖民帝国，其殖民势力范围横跨欧洲、亚洲、美洲与非洲四大洲，这主要是因为它利用丰富的海域资源、先进的航海技术以及全球航海发展战略，凭借探险精神、传教热情和商业激情，积极地向海外进行殖民扩张，开创了大西洋、印度洋等国际大航海贸易体系。更重要的原因在于，葡萄牙人汲取了希腊人的海洋文明，改造了中国文明中的指南针，又设计了阿拉伯文明中的三角帆……这一切无不显示出葡萄牙人走向"海洋帝国"的战略雄心与准备，借鉴世界各文明体的优势文化来发展本国的航海事业。

文化传播学研究范式及其核心要素对于丝路文明史研究具有重要的意义。它的功能在于从"跨文化"和"融文化"中探索到丝路文化传播的交互规律、交和价值与交流功能。但凡丝路上的物态文化传播、行为文化传播、制度文化传播、精神文化传播[⑩]等，都可纳入丝路的文化传播学研究范畴。实际上，传播的概念并非专指媒介领域[⑪]，媒介传播只是新近出现的现象。譬如在传播史上，丝路上"物的传播"具有全球传播的典范意义。"物的传播"是一种文化传播的形式，它伴随人类社会发展的每一刻，从来就没有停止过。物作为文化物、习俗物和技术物，它们在丝路交往中被广泛传播，进而产生了物的文化传播、习俗传播、技术传播等传播范式。丝路"物的交往"是全球"物的传播"的内在驱动力。在丝路物的交往过程中，文化物、习俗物和技术物在传播中实现了自身的功能与价值，也反哺了传播的意义。全球"物的传播"如同"种子的传播"，物之文化、习俗与技术的种子就在所到之处生根与发芽，并在全球各大地区、民族和国家之间不断地侨易、突变与创生，新的文化、习俗和技术由此诞生。其中，物的文化传播是非常直接的，而物的习俗传播与技术传播是间接的。在物的艺术与美学的诱惑下，人们对物的习俗性使用与技术创新的动力必然会被激发。可见，"物的传播"是再生产的动力，也是生产力的动力。全球"物的交往"和"物的传播"实现了全球互动的价值。丝路交流与交往以及全球"物的传播"实现了物的空间位移，最终产生了物的时间变易，即生成了"思的传播"[⑫]。全球"思的传播"是"物的传播"的继续与侨易。所谓"思的传播"，即物的思想传播、精神传播以及美学传播。"物"本身就是思想的载体，更是美学的化身及其思想的表达介质。

文化传播学要"突围"传统"传学"本身的研究边界与范式，必须从"侨易学"上突破，即实现从"传学"到"侨易学"的研究转向，才能实现文化传播学之革命，因此主张"全球文化传播学"的出场。现有的文化传播史和文化传播学缺乏全球视野，也缺乏全球问题意识，到了需要自我革命的时候，而现有的全球文化传播学还处于起步阶段，没有脱离文化传播学研究的藩篱，没有聚焦"侨易"的本质。因此，亟须建构全球文化传播学或侨易文化传播学话语体系、结构体系和理论体系。全球文化传播学范式及其要素或能为丝路文明史研究提供有效的理论工具。

三、援引研究范式的逻辑与使用

对于丝路文明史研究，援引新范式是其发展的需要。齐安·亚菲塔指出："在某一领域，范式倒了，可在它倒的地方，却没起来一个新的，结果多半会是这个领域的衰退、混乱，甚至废弃。"⑧ 当然，任何知识领域在援引研究范式时都有自己的逻辑和使用方法。研究对象不同，它所援引的研究范式是有差异的。另外，研究范式的选择，与研究者对研究对象的把握、立场和态度是相关的。

对于丝路文明史，历史人类学解决丝路主体及其行为结构的问题，其研究核心在于阐释丝路主体的行为动机、行为过程、行为逻辑及其行为意义。因此，可以说，对于丝路文明史研究，历史人类学是基础性意义范式，也是首要性根本范式。一切历史丝路主体研究丝路文明都容易陷入机械唯物主义陷阱，容易忘却丝路主体性历史文明的发生、发展和演变的结构过程。在解决丝路文明主体的问题之后，另一个丝路文明史研究范式——时空社会学也就随之而来，因为丝路主体的文明史发生时间与发展空间的问题是丝路文明史研究的关键内容，丝路文明史又是社会文明史的一个缩影或区域典范。丝路主体的行为结构与意义网络的形成离不开特定的社会时空，社会结构与社会化力量无时无刻不在参与丝路文明史的建构。换言之，丝路文明史发生和发展的全部逻辑就是社会逻辑的表征与生产。因此，历史人类学范式是丝路文明史研究的基础，时空社会学范式是丝路文明史研究的演进与拓展。

如果说历史人类学范式和时空社会学范式是丝路文明史研究的普适性范式，那么，文化传播学范式就是一个针对特殊研究个体及其立场所选择的辅助性研究范式。就研究丝路文明互鉴而言，研究者必须选择文化传播学范式作为研究工具，因为丝路文明的互鉴是交流的结果，而文明交流本身就是文明对话与传播的过程。或者说，丝路文明的传播路径、传播方式方法、传播媒介、传媒机制、传媒体系等，都会影响丝路文明互鉴的深度和广度。在丝

▲ 图 0-10　陕西乾县章怀太子墓出土的唐代壁画客使图

路文明传播史上，商贸传播、宗教传播、使团传播、工匠传播、战争传播等多样化的传播路径与机制直接影响丝路文明传播的空间及其程度。为此，文化传播学范式可以作为丝路文明史研究的一个工具选择，当然，这不是唯一选择。研究文明史，必须"尊重事实、区分主次、考虑时代条件、注意进步的连续性以及全球观点等等……必须'文明地'对待人类文明，而不是武断地、不文明地对待人类文明"④。譬如针对丝路文明精神进行研究，可以援引精神现象学范式；针对丝路文明交往进行研究，可以援引马克思交往理论范式……但所有理论范式的援引所要遵循的使用逻辑，应与事实契合、分清主次、科学且是连续有效的，能为提出学术问题和解决学术问题服务，便于形成丰富而扎实的学科话语体系和知识体系。

四、结论

简言之，历史人类学、时空社会学和文化传播学是丝路文明史研究的三大基本范式，也是丝路文明史研究的可靠理论工具。它们对于揭示丝路主体行为、丝路文明结构、丝路文明传播等关键问题具有重大意义。在研究中，至少能得出以下初步结论：第一，对于丝路文明史来说，历史人类学研究范式有益于揭示丝路主体的"行为结构"、进而为历史的现在行为体提供"行为再结构"的历史依据；第二，对于丝路文明史来说，时空社会学研究范式有利于揭示丝路文明的"社会侨易"，从而明晰丝路文明史发展的基本规律与演变轨迹，进而为当代文明发展提供决策的理论支撑；第三，对于丝路文明史来说，文化传播学研究范式有助于揭示丝路文明的"互动互鉴"，进而明确丝路文明因交流而兴盛、因互鉴而发展这一论断，或为当代全球国家治理提供智慧参照。可见，在丝路文明史研究中援引复合性研究范式，能为丝路文明史研究提供新颖的方法论工具，进而开启基于问题意识的文明史书写策略与路径研究。

注　释

① Ferguson W K， Bruun G， Becker C L. A survey of European civilization， ancient times to the present ［J］. Journal of Geophysical Research：Atmospheres， 1939， 81(5)：861—872.

② 诺贝特·埃利亚斯. 文明的进程：文明的社会起源和心理起源的研究·第一卷：西方国家世俗上层行为的变化[M]. 王佩莉，译. 北京：生活·读书·新知三联书店，1998：62.

③ 李剑鸣. 文明的概念与文明史研究［J］. 华中师范大学学报（人文社会科学版），2016，55（01）：108—116.

④ 葛兆光. 思想史研究课堂讲录：视野、角度与方法[M]. 北京：生活·读书·新知三联书店，2005：206.

⑤ 冯渝杰. 发掘文明史的精神隐构：姜生教授论宗教起源的三点启示［J］. 世界宗教研究，2012（03）：180—182.

⑥ 达夫里扬. 技术·文化·人［M］. 薛启亮，易杰雄，等译. 石家庄：河北人民出版社，1987：45.

⑦ 周祥森. 全球史和文明史：历史学家的两面镜子［J］. 世界历史，2013（03）：12.

⑧ 鲍绍霖，姜芃，于沛，等. 西方史学的东方回响［M］. 北京：社会科学文献出版社，2001：69.

⑨ 尹忠海. 马克斯·韦伯文明史研究方法中的问题意识与逻辑链［J］. 贵州社会科学，2007（08）：134.

⑩ 段启增. 初论文明史研究［J］. 齐鲁学刊，1998（05）：64—70.

⑪ 约翰·亚历山大·汉默顿. 西方文化经典：历史卷[M]. 赵晓燕，译. 武汉：华中科技大学出版社，2016：193.

⑫ 齐安·亚菲塔. 艺术对非艺术［M］. 王祖哲，译. 北京：商务印书馆，2009：30—31.

⑬ 譬如潘天波：《漆向大海：古代海上丝绸之路漆艺文化研究》，福州：福建美术出版社，2017 年；石云涛：《唐诗镜像中的丝绸之路》，北京：中国社会科学出版社，2020 年；李进新：《丝绸之路宗教研究》，乌鲁木齐：新疆人民出版社，2010 年；海尔曼·约瑟夫·弗里施：《丝绸之路的世界》，

许文敏，北京：国际文化出版公司，2019 年；杨铭、李锋：《丝绸之路与吐蕃文明》，北京：商务印书馆，2017 年；刘义杰：《中国古代海上丝绸之路》，深圳：海天出版社，2019 年；夏鼐著，夏正楷编：《丝绸之路考古学研究》，杭州：浙江大学出版社，2019 年；李庆新：《“南海Ⅰ号”与海上丝绸之路》，北京：亚洲传播出版社，2010 年。

⑭ 齐安·亚菲塔.艺术对非艺术［M］.王祖哲，译.北京：商务印书馆，2009：57.

⑮ 齐安·亚菲塔.艺术对非艺术［M］.王祖哲，译.北京：商务印书馆，2009：67.

⑯ 近年来，中国社会科学院学部委员、研究员景天魁先生提出并践行“时空社会学”研究，著有《社会发展的时空结构》（2002 年）、《时空社会学：理论和方法》（与何健、邓万春等合著，2012 年）、《时空社会学：拓展和创新》（与张志敏等合著，2017 年）等。2014 年以来，几乎每年都举行学术研讨会，有“时空社会学论坛”或中国社会学会“时空社会学”分论坛。“时空社会学”这一社会学分支学科在中国日渐形成。

⑰ 远山茂树，佐藤进一.日本史研究入门［M］.吕永清，译；山内武夫，校.北京：生活·读书·新知三联书店，1959：4.

⑱ L·H·詹达，K·I·克伦克－哈梅尔.人类性文化史［M］.张铭，译.北京：中国妇女出版社，1988：16.

⑲ 多米尼克·戴泽.社会科学［M］.彭郁，译；郑立华，校.北京：商务印书馆，2015：57.

⑳ 诺贝特·埃利亚斯.文明的进程：文明的社会起源和心理起源的研究·第二卷：社会变迁　文明论纲［M］.袁志英，译.北京：生活·读书·新知三联书店，1999：251.

㉑ 约翰·亚历山大·汉默顿.西方文化经典·历史卷［M］.赵晓燕，译.武汉：华中科技大学出版社，2016：267.

㉒ 韩可思，凯斯·哈特，斯蒂芬·迈尔.人类学的缺位：关于市场、社会、历史与人类学定位的思考.吴秀杰，等译.北京：中央民族大学出版社，2015：3.

㉓ Foucault M. Madness and Civilization： A History of Insanity in the Age of Reason［M］. New York: Pantheon Books, 1965.

㉔ 转引自张宝宇. 中国文化传入巴西及遗存述略 [J]. 拉丁美洲研究, 2006, 28（05）: 56.

㉕ Mumford L. Technics and Civilization [M]. London: George Routlodge and Sons, Ltd., 1934.

㉖ 费尔南·布罗代尔. 资本主义论丛 [M]. 顾良, 张慧君, 译. 北京: 中央编译出版社, 1997: 121.

㉗ 费尔南·布罗代尔. 资本主义论丛 [M]. 顾良, 张慧君, 译. 北京: 中央编译出版社, 1997: 121.

㉘ Rifkin J. Time Wars: The Primary Conflict in Human History [M]. New York: Henry Holt and Co., 1987.

㉙ 王景会, 潘天波. 工匠精神的人文本质及其价值: 时空社会学的视角 [J]. 新疆社会科学, 2020（01）: 100—107+152.

㉚ 阿兰·巴纳德. 人类学历史与理论 [M]. 王建民, 刘源, 许丹, 等译. 北京: 华夏出版社, 2006: 50.

㉛ 景天魁. 社会发展的时空结构 [M]. 哈尔滨: 黑龙江人民出版社, 2002: 385.

㉜ 罗宾·科恩, 保罗·肯尼迪. 全球社会学 [M]. 文军, 等译. 北京: 社会科学文献出版社, 2001: 36—37.

㉝ 叶隽. 侨易现象的概念及其内涵与外延 [J]. 上海师范大学学报（哲学社会科学版）, 2013, 42（01）: 30.

㉞ 有关"侨易论", 参见叶隽:《变创与渐常: 侨易学的观念》, 北京: 北京大学出版社, 2014 年。另外, 参见中国社会科学院外国文学研究所知识史与侨易学研究中心（筹）主办的侨易学研究的年度性学术集刊《侨易》。学者叶隽在李石曾（1881—1973）"侨学"基础上, 引入《易经》之"易"思想, 提出一种新的"侨易理论"。

㉟ 刘新成. 文明互动: 从文明史到全球史 [J]. 历史研究, 2013（01）: 4—10.

㊱ 费尔南·布罗代尔. 十五至十八世纪的物质文明、经济和资本主义 第一卷: 日常生活的结构: 可能和不可能 [M]. 顾良, 施康强, 译. 北京: 生活·读书·新知三联书店, 1992: 261.

㊲ Perlmutter H V. On the Rocky Road to the First Global Civilization [J].

Human Relations, 1991, 44(09):897—920.

㊳ 罗宾·科恩，保罗·肯尼迪.全球社会学［M］.文军，等译.北京：社会科学文献出版社，2001：51.

㊴ 费尔南·布罗代尔.十五至十八世纪的物质文明、经济和资本主义：第一卷：日常生活的结构：可能和不可能［M］.顾良，施康强，译.北京：生活·读书·新知三联书店，1992：338—339.

㊵ 潘天波，胡玉康.丝路漆艺与中国美学思想的传播［J］.新疆师范大学学报（哲学社会科学版），2014，35（02）：89—95.

㊶ 阿芒·马特拉.全球传播的起源［M］.朱振明，译.北京：清华大学出版社，2015，导言 xiv.

㊷ 潘天波.丝路漆艺：被输出的中国之美与文化［J］.文化遗产，2015（03）：138—144.

㊸ 齐安·亚菲塔.艺术对非艺术［M］.王祖哲，译.北京：商务印书馆出版，2009：31.

㊹ 郭华榕.文明地对待文明的历史：关于文明史研究的思考［J］.四川师范大学学报（社会科学版），2009，36（01）：138—140.

第一章

全球文明互鉴：来自物的交往证据

在全球史视角下，丝路上的中华遗物已然成为全球交往的景观化证据。在全球丝路交往过程中，中华技术物借助宗教、贸易以及朝贡等途径，实现了从技术物到文明物的全球化流通与演进，彰显出从物的空间位移到文明质变的嬗变历程，已然重构了丝路沿线民众的生活文明、伦理文明、精神文明和制度文明，创生了跨国家、跨地区和跨民族的全球化中外物文明的互鉴史，展示了中华物的全球交往功能与传播价值。

从李希霍芬（Ferdinand von Richthofen，1833—1905 年）的命名来看，丝路是一条以丝绸为主要贸易对象的道路，即"物的流动"之路。当然，在这条路上流动的货物很多。但凡能流动的以及中外民众需要的货物，应该都是这条路上的交往之物。因此，"丝路"也可称为"瓷器之路""漆器之路""香料之路"等。换言之，这是一条通向全球的"物流之路"。当然，丝路或是全球民众的智慧之路，也是全球民众的思想之路。和平、安宁和稳定是全球民众所渴望的，但并非说人类向往绝对静止或老死不相往来的生活。相反，人们总是在创造流动、交往和传播的机会。法国学者阿芒·马特拉（Armand Mattelart）在《全球传播的起源》（L'invention de la communication）中曾援引塞万提斯（Cervantes）《狗的对话》（Le colloque des chiens）里的一句名言："虽然俗话说'傻子行百里还是傻子'，但我觉着到其他地方看看并与不同的人交流能使人变得更精明些。"[①] 为了交流，"丝路"被创造出来，它"使人变得更精明些"，这是丝路发展的精神质变。丝路早期是中国人的创举，后来成为世界民众共同的财富之路与交往之路。可见，探索流动是人类共同的愿望。哥伦布（Cristoforo Colombo，1451—1506 年）勇敢地探索与发现"新大陆"，让欧洲和美洲的人们开始流动起来。中国工匠发明的"指南针"被广泛地应用到大航海中，汹涌、黑暗的大海不再阻碍全球的人际流动。驼队、马帮、海船等出现在丝路上，全球范围内的货物与人员由此开始大流动、广交往与际传播。当丝路被开辟之后，随着人际流动，丝路上"物的流动"便开始了。譬如丝绸、瓷器、漆器、金银器、胡床、胡锦、象牙、香料、黄金、测量仪、摆钟、西洋画等中外之物纷纷走向丝路[②]，并在全球范围内流动、交往与传播，全球文化与思想也由此开始了世界范围内的传播。西方的宗教思想被传播到全球各地，中国的儒家及其文化思

▲ 图 1-1　故宫博物院藏 19 世纪法国钟表

想也被带到全球，柏拉图、亚里士多德、黑格尔、康德、孔子、老子、朱熹、蔡伦、毕昇、宋应星、金尼阁、利玛窦等成为全球"共享"的人物，他们的思想或创造成为全球的传播对象。

在丝路"物的交往"时空里，最引人注目、最日常的交往莫过于沿线国家工匠文化的交往，因为工匠文化是丝路沿线国家、地区、民族、商旅等非常关心的日常生活文化。它既满足了丝路沿线国家民众的物质生活，又激起了沿线国家人民彼此的国别想象与文化创构，进而改变了丝路沿线国家的文化机构与功能。古希腊和古罗马人民对中国丝绸的羡慕与想象，让他们称中国为"Seres"（丝国），或为"塞里斯"；越南人对中国造船技术的羡慕与想象，让他们称中国为"Nuoc Tau"（船国）；欧洲人对中国瓷器的羡慕与想象，让他们称中国为"China"（瓷国）。实际上，中外工匠文化史上，许多重要的文化现象与丝路工匠文化均产生过联系。譬如东亚工艺、东南亚工艺、古埃及工艺、古巴比伦工艺、古印度工艺、波斯—阿拉伯工艺、西域敦煌工艺、欧洲宫廷工艺、美洲印第安人工艺等诸多全球匠作体系，无不与丝路工匠文化交往密切相关。另外，诸如"筌筷漆""南京式样""通草画""唐货""中国风""苏样""广瓷""珐琅彩"等工艺范畴也与丝路有千丝万缕的关系。丝路工匠所创作的陶瓷、玉器、漆器、青铜器、金银器、玻璃器、竹器之类的生活器皿以及丝绸、农具、武器、乐器、建筑、画像、雕刻、交通工具等其他丝路"物的文化"，共同构成中外丝路工匠文化交往的对象，尤其是各国工匠文化的交往激活了丝路沿线国家民众对他者异域文化的想象，唤醒了新的艺术追求和审美需求，进而激发了新的艺术创作，并由此改变了沿线国家民众的生活方式和文化生态，也提升了各自国家的文明水平。毋庸置疑，丝路因中外匠作商品流通而不断延展，因中外工匠文化交往而长久不息。丝路工匠文化已然超越匠作本身的行为意义和精神内涵，进而成为全人类共享、互连和互鉴的共同体文化。丝路是中国智慧的伟大创举，也是人类文明进步的阶石，它改变了世界文化生态。丝路是中国工匠文化与世界交往的重要通道，特别是丝路工匠文化承载着中国和世界他国工匠的创造精神、文化思想与艺术审美。

一、丝路：全球"物的交往"

在全球史视野下，丝路史就是物的交往史。"物的交往"是人与人交往的重要形式。在马克思交往理论体系[③]中，"物质交往"是"精神交往"的基础与条件，"精神交往"是"物质交往"的跨域与突破。"物质交往"是社会关系以及上层建筑的需要，它能催生新的生产力及其文明空间，但也不可避免地出现剥削性交易和财富非法占有以及战争等负面交往。那么，在丝路上，为何会发生"物的交往"及"负面交往"呢？

贸易交往。贸易交往是全球交往的首要动力。丝路贸易沟通了全球物的交往，形成了全球民众交往的网格。在原初意义上，因"贸"（交换物的买卖）而"易"（交易）是开通丝路的原初动力。早在西汉前后，中国与东亚、东南亚以及中亚等国就有了贸易活动，唐时期"唐货"与"胡物"的交易十分频繁，"唐三彩"在亚欧文化圈被广泛传播。宋元时期，西方人眼中的中国"契丹货"以及中国人眼中的非洲"金银器"成为中外贸易的对象。至明清时期，"中国货"与"西洋物"的贸易往来更加频繁。有了中外的商业贸易，就有了"物的交易"，也就有了"物的交往"。丝路上有了"贸"

▲ 图 1-2　陕西西安出土唐代三彩骆驼俑

的活动，必然就有"侨"的现象。史料记载，宋元明清时期大量亦商亦工的中国人侨居海外。或逃避国内战事，或被海外商业贸易吸引，在东南亚、南亚、非洲以及欧美从事商贸活动的中国工匠比比皆是。早期去非洲的华人工匠以建筑工匠为主，如木匠、泥瓦匠等，另外还有少量的缫丝工匠等，工匠来源地以中国南方的广东、福建、澳门等地为主。《中西交通史料汇编》第一册之"赖麦锡记波斯商人哈智摩哈美德之谈话"小节记载："（甘州城）漆工甚众。甘州城内某街，悉为漆工之居也。"④ 甘州城内的"漆工"或为内地移民而至。日本学者木宫泰彦在《日中文化交流史》中记载了明清时期侨居日本长崎的中国人有43人之多，其中就有擅长雕刻漆器的欧阳云台⑤。在当时，侨居长崎并入日本国籍的中国人被称为"住宅唐人"。宋元时已有亦商亦工的华人移居真腊经商。当中外"物的交往"成为一种常态时，"物的传播"活动也就随之开始了。对于中国人来说，"制器尚象""厚德载物""纳礼于器""道器不二"等物的观念最常见不过，换言之，"物的传播"即是"道的传播"或"思的传播"。从这个角度来看，丝路上"物的贸易"又是"思的交换"或"道的交换"。因此，"物的传播"是丝路贸易的直接产物。不过，面对物的诱惑，在丝路"物的交往"中还出现了诸如"贿赂""海盗""侵略""走私"等负面性的交往现象。譬如，当中国实施禁海政策的时候，海外有的国家为了与中国建立贸易国的关系，不惜贿赂港口官员或武力侵占，海盗与走私活动也因此频繁。

暴力交往。战争、侵略、殖民等是一种暴力交往形式⑥，尤其是殖民扩张使西方国家在东方强行打通了中外交往之道。伴随18世纪后期欧洲工业革命的深入与拓展，获得东方的加工材料、矿业资源与人力资本成为欧洲许多殖民国家的梦想。一些传教士的东方游记或札记，尤其给西方人平添了许多关于东方黄金梦的幻想。在航海技术的支撑下，他们将对遥远"丝国""瓷国""漆国"等的殖民扩张和物质占有变为暴力的殖民活动。同时，西班牙、葡萄牙、荷兰、英国、法国⑦、德国等国家的使臣、传教士、商人纷纷来到东方，来到印度、中国、菲律宾，甚至去往北美、南美等地。他们或通过澳门、广州、台湾、马尼拉、孟买等中转地获得中国货物，或直接来到中国内地如景德镇等地进行贸易，或通过中亚、东亚的一些国家中转获得中国资源。殖民扩张使得欧洲人在中国获得的器物也被带到了全球各地。譬如中国的瓷器被葡萄牙商人带到欧洲之后，又被贩运到非洲以及美洲。在今天的南美巴西、智利等国家的博物馆，还能看到葡萄牙人从欧洲带去的中国器物。因此，殖民活动是丝路"物的交往"与"物的传播"的暴力路径。

宗教交往。在丝路上，传教士是中外物的交往的重要群体。西方传教士来华的目的之一是传教，但中西方文化的差异让传教士意识到很难直接将西方的宗教信仰传播至中国。于是，传教士们就兴办传教士医院、学校并进行其他器物生产，在此基础上再传教。那么，西方的物的观念也就间接地被传教士在中国的造物活动中所传承。为了迎合中国民众的需要，他们自然也要学习中国的礼仪、风俗与文化。因此，在传教士来华传教活动中，"思的交往"首先是从"物的交往"开始的。另外，西方传教士来到中国，总是要携带几件像样的"西洋物件"，如摆钟、地图、沙漏、测量仪等，为的是赠送给中国皇帝与官员。同时，中国皇帝与官员本着"厚往薄来"的原则，自然要恩赐给来华传教士品类繁多的"中国器物"⑧。到了最后，这种"称藩纳贡"和"恩赐器物"的交往方式，已然成为外国获取中国器物的一种方式。

民心交往。物的交往是全球民心沟通使然。在贸易和与传教士的中外交流中，中外民众越发迫切地需要全球化，更意识到中外物的交换与物的交

▲ 图 1-3 清代郎世宁《圆明园铜版画·海晏堂》

往的重要性，以及这一切来自生活的交往与思想的交往的重要性。西方人为了拥有更好的生活以及消费物，就要获取更多的中国瓷器、丝绸、漆器等改进生活水平与生活方式的物质；同样，中国人对西洋工业革命之后创造的科技物也十分好奇。西方民众在中国器物上能"免费的旅游"和进行"文化的阅读"，中国人看到西方器物也能领会西方的"科技世界"和"宗教思想"，因为物本身就是文化的载体，绝不是单纯的物。"物的交往"就是"物的文化"之交往，更是中外民心之交流。换言之，全球化的本质不是"物的全球化"，也不是"贸易的全球化"，而是"民心的全球化"，其最终的目标是构建"全球人类命运共同体"。

简言之，丝路物的交往是全球史发生的纽带，也是全球史发展的基础。没有物的交往的全球史是不可能存在的，也是没有基础的。丝路上的物的交往是全球物的流动的产物，也是物的传播的需要。丝路物的交往推动了全球物的传播，加速了全球文化传播的速度。

二、丝路古物：全球交往的锁链

在丝绸之路上，物的流动是国家交往中商业流通、文化交往与艺术对话的线索表征，分布在世界的中国器物俨然构成一个个连通世界的文化锁链，昭示出全球中国物的流动背后的文化流动、艺术流动、美学流动和精神流动。

1. 线索与锁链：中美"物的交往"

至今，美国的很多博物馆里还珍藏着大量的中国丝绸、瓷器、漆器等匠作物品。中国台北故宫博物院编委会编撰的《海外遗珍》（漆器卷）记载，美国人通过各种途径获取了中国大量的漆器珍宝，并将其收藏于美国各大博物馆。譬如旧金山亚洲艺术馆、夏威夷檀香山艺术学院、克利夫兰艺术馆、纳尔逊艺术陈列馆、底特律艺术中心、洛杉矶郡美术馆等都藏有大量宋元明清时期的中国漆器。2011年9月7日至2012年6月10日，美国纽约

▲ 图1-4 美国纽约大都会博物馆藏杨茂款元代漆盘

大都会博物馆展出了13—16世纪的中国漆器，如明代的龙纹盘、龙纹经盒、婴戏漆盘等。这些流入美国的漆器见证了中国工匠文化在美国的传播与影响，并渗透到美国民众的生活与精神世界。早期美国人常常以"印度货"来称呼"中国货"。除了由于一部分中国货是葡萄牙、西班牙等殖民国家以

"东印度公司"为中转站而转运的，和西方人习惯称"中国货"为"印度货"之外，还有一个重要的原因是早期美国人对"中国货"的矛盾心理，即不大愿意接受异域中国文化，但又无法抵挡精美的中国诸物的诱惑，以至于在早期美国民众的家庭中普遍把拥有的"中国货"当作吹嘘与炫耀的对象。卡洛琳·弗兰克（Caroline Frank）认为，"早在17—18世纪，中国商品的触角就已经伸到了北美，当时的美国家庭呈现出一种'实实在在的全球品位'"①。因此，在巨大的商业诱惑以及美国民众的审美消费需求之下，中国亦商亦工的手艺人开始远渡重洋，前往美国"淘金"。相应地，美国的工匠也前往中国学习传统工艺技术，希望在美国也能生产精美的中国器物。实际上，在19世纪之前，中国器物或中国工匠文化成为美国民众的生活时尚，中国俨然成为全球工匠文化的输出国，大量的中国精美器物成为全球民众渴望的奢侈品。但是19世纪末期，中国工匠文化输出国的地位或被打破，美国的工匠文化以及科技文化开始溢向中国。简言之，中美物的流动以及工匠的交往既反映出中美社会的消费时尚，更反映出中美社会商业贸易和文化交流的特质。换言之，物的交流或成为中美交往的表征线索与核心锁链。

2. 古物证：中国与拉美在太平洋上的"物的交往"

在马克思交往理论视野下，物的交往既是物质生产的需要，也是日常生活与情感的需要，同时，物的交往又是精神交往的基础。从丝路视角看，丝路就是为了开通物的交往之路，它沟通了全球物的互联与物的互通之路，实现了全球物的交换与物的交往，满足了全球民众的"物的生产""物的需要"与"精神需要"。

在太平洋上，中国和拉丁美洲的早期交往或是从器物交往开始的，或者说器物交往最能反映中国和拉美国家之间的互动交往关系。尽管考古人类学家已经证明中国和拉美具有某种亲缘关系，但是直接的亲缘关系莫过于中国和拉美国家物的交往关系。确切地说，在太平洋上，海上丝绸之路"物的流动"与"物的贸易"拉近了中国和拉美国家的关系，沟通了中国和拉美民众之心。

"1913年出版的《地学杂志》第37期的一篇资料记载：'……最近则有著名考古学家奈云，偕人种学家数人，在墨西哥越万滔地方，寻获泥制古像甚多，面貌确与华人无异。……其塑法与中国近代之木雕神像相似，盖亦千余年前中国之技术也。……'在墨西哥一处农田曾发现装有许多泥塑古佛的几只石匣，古佛的面貌和服饰与中国中古时代的装束毫无差异。还发现一串刻有中国文字的古钱，串钱的麻绳并未腐烂，组织法和形状也和中国的相同。墨西哥人恰帕斯·德科尔索在一次挖掘中，发现一串刻有早期中国书写符号的佛珠。亚历山大所编《世界民族神话》第十一册卷首一图为大独石碑，碑的图案中有受中国传说影响的龙，碑顶面还绘有一个似佛之神。"[⑩]泥塑古佛、中国古钱、刻有中国文字的佛珠、受中国龙影响的图案等考古出土的中国风格器物及图像显示，中国和墨西哥的交往史时间可上溯至公元5世纪，而且其交往可能是从"佛教交往"开始的，并伴有"器物交往"或"贸易交往"。

在南美洲的秘鲁，考古学家也曾发现公元5世纪左右的中国古物。在1865年，秘鲁人孔德·德瓜基"在特鲁希略附近掘出一座金属女神像，梳中国式发辫，脚踏龟蛇，神像旁边刻有汉字'或南田井'四字。德国考古学家约塞·基姆克确认这尊神像为中国文物，埋藏地下可能已有千年以上。……在秘鲁利马国家博物馆中，有两件画有八卦图形的陶器，编号为1470号。秘鲁历史学家弗朗西斯科·洛艾萨断定它们是中国文物，是千数百年前由中国运到秘鲁的。秘鲁境内还曾掘出一块石碑，虽已剥落不堪、字迹模糊，而中文'太岁'二字却很清楚……"[⑪]。很明显，秘鲁出土的"神像""陶器"和"石碑"与墨西哥出土的古物序列大体一致，且均与宗教交往有关，也显示出早期拉美国家与中国的"器物交往"。

大约在16世纪70年代，西班牙殖民者在菲律宾与中国人相遇，从此西班牙人成为中国和拉美建立贸易关系的掮客，西班牙、菲律宾和拉美的"三角器物交往关系"也因此形成。同时，西班牙还占据了墨西哥以南的广大拉美地区，进而把殖民势力从欧洲延伸至亚洲和拉丁美洲，于是亚、欧、美之间的"物的交往"网络形成。

3. 古物：中德"丝路交往"锁链

古物为锁，物物成链。考古出土的实物是见证物的交往之锁，阐释物的文本与隐喻就是开锁之钥。所谓"文本"，即实物所具有的文化、图像以及相关的文献知识；所谓"隐喻"，即实物背后所隐藏的真实历史或寓意知识体，或为"物的表达"本身所具有的历史内含知识。就单个古物而言，在阐释系统中还无法具备有效证据链的合法性。因此，只有一定数量的古物群或能构成阐释系统中的有效证据链。进一步地说，"实物、文本和隐喻"可以成为解读物的交往的立体结构模型。其中，实物（material）分析是研究的起点与基础，文本（text）分析是研究的核心与关键，隐喻（metaphor）分析是研究之目标。换言之，实物分析、文本分析、隐喻分析构成"MTM立体分析系统"的逻辑结构模型。就 MTM 立体分析方法而言，"实物分析"主要涉及考古学、材料学、艺术学等，注重对物本身的分析；文本分析主要涉及图像学与文献学等，侧重对物的时间性历史分析；隐喻分析主要涉及哲学分析和历史分析等，聚焦对物的时空哲学分析。当然，这些分析方法不是割裂的，而是同时互动性地存在于分析系统。

就中德丝路交往而言，考古出土的实物所能见证的历史相当早。美国《国家地理》1980 年第 3 期相关文章报道，德国考古学家在德国南部斯图加特的霍克杜夫村曾发现公元前 6 世纪左右的中国丝绸残片[12]。尽管这是一例无法确定交往路线和交往方式的孤证，但至少能说明中国和德国的实物交往可追溯到公元前 6 世纪左右。或者说，中国丝绸早在春秋战国时期或更早之前就已经传入德国境内，中国和德国之间已然发生可能的物的交往。无论这件公元前 6 世纪左右的丝片是如何跨越中德空间"入驻"霍克杜夫村的，它或能见证中德丝路交往的悠久历史，或能见证中德物的交往在丝路交往中是先行存在的。

一直到公元 14 世纪至 17 世纪，中德之间直接的丝路交往或人际交往是很少见的，但间接的物的交往一直持续不断。其中，造纸、雕版印刷、瓷器等是中德物的交往的主要媒介。在东汉时期，中国蔡伦利用植物纤维改进了造纸术，发明了"蔡侯纸"，这成为世界文明史上的"一件大事"。大约在 8 世纪中叶，中国的造纸术经中亚传至阿拉伯世界，并得到了广泛应用。直至 14 世纪，意大利成为欧洲造纸术的传播基地，并由此传至德国等欧洲国家。各国的中亚探险队在当地发现的古文书、古写本等考古文献，也可以证明中亚是中国造纸传入欧洲的中转地[13]。另外，中国有大规模的官方刻本是从五代时期的冯瀛王开始的，宋朝时雕版印刷术发展到全盛时期。"雕版印刷是 13 世纪伴随着蒙古势力的扩张，以波斯为中介传入欧洲的。在欧洲的许多国家，雕版印刷开始时主要是用来印制纸牌；纸牌游戏的风行，又促进了造纸和印刷业的发展。除纸牌外，人们也用雕版印制宗教图像，到后来才开始印制图书。意大利、德国、荷兰成为欧洲雕版印刷最早的基地。15世纪中叶，德国还首先使用活字印刷术印制了第一部拉丁文版《圣经》。印刷术的传入与发展，使得当时文化极为落后的欧洲逐渐改变了只有僧侣才能读书写字的状况，从而使文化从教堂走向了民间。"[14] 随着中国印刷技术的外传，1391年，在德国东南部的纽伦堡建造了德国第一家中国式造纸厂，到了15世纪，德国的造纸业已经相当发达[15]。很显然，德国的印刷业和造纸业是得益于中国印刷术和造纸技术才发展起来的。

直至18—19世纪，中德丝路交往才进入真正的繁荣期，两国的丝路交往主要通过来华传教、丝路贸易、丝路旅游以及丝路考古等途径逐步展开，主要的物的交往以丝路贸易中的漆器、瓷器、丝绸以及其他匠作物为中心。至今，德国科隆艺术馆还藏有7件中国漆器[16]。这些藏品显示出德国民众对中国漆器的迷恋与喜欢。实际上，精美的漆器成为18世纪德国民众非常喜欢的中国器物。除了漆器之外，瓷器也是德国民众追逐与争相购买的贵重器物。可以说，日用瓷器和艺术陶瓷改变了德国人的生活方式与审美情趣，并

▲ 图 1-5　柏林夏洛滕堡宫

深入德国民众日常生活的很多角落。德国柏林的夏洛滕堡宫，又被称为"瓷殿"，它的主人是普鲁士国王腓特烈一世大帝，而腓特烈一世大帝酷爱中国瓷器^⑰。于是，他按照法国凡尔赛宫建造了这座中国风格的瓷殿，珍藏了中国康熙时期的上千件瓷器。显然，瓷器对德国的建筑产生了不小的影响。当然，器物交往作为丝路交往的主要形式，它是互动的或互溢的，德国器物或德国工艺对中国民众的日常消费与生活方式也产生了间接影响。譬如现藏北京故宫博物院的19世纪的铜镀金架香水瓶，或是德国进献的贵重礼品，或为当时清廷政府的采购品，以供宫廷日用。清晚期宫廷贵妃用的香水大多来自德国、法国等欧洲国家。毋庸置疑，器物交往架起了中德民众的友谊桥梁，沟通了中德民众的生活与情感。

从早期中德之间的丝路交往看，中国输出的器物主要有瓷器、漆器等，输出的匠作技术包括丝绸技术、造纸技术和雕版印刷技术。诸如此类物的证据或技术的证据构成了早期中德丝路交往的历史锁链，或能清晰地显示出早期中德丝路交往中器物交往的角色与地位。

毋庸置疑，在拉美国家出土的中国古物，或能像一面特殊的镜子，直接镜像出中国和拉美国家物的交往与人民交往的悠久历史。换言之，拉美国家出土的中国古物或是中国器物向拉美地区流动的有力证据，也间接地显示出海丝中国与拉美国家物的交往与精神交往的历史及其影响。

4. 物证：中英"物的交往"

在丝路交往体系中，器物交往是非常直接的交往形式。实际上，就中英丝路贸易而言，除了一些农产品、机械产品和原材料之外，主要的是大量的生活器物或日常器物。换言之，物的交往成为中英丝路交往的主要样态，其中器物交往占据丝路交往的重要位置。

《海国图志》之"英吉利国广述（上）"条记载：

"道光十八年……所运进广州府之货物，如海菜、沙血蝎、洋蜡、槟榔、海参、燕窝、冰片、血珀、阿魏、息香、牛黄、乌木、红铜、珊瑚、玛瑙、棉花、棉纱、儿茶、青石、火石、象牙、犀角、白米、鱼翅、鱼肚、槟榔膏、玻璃器、锡、铅、铁、钢、没药、乳香、胡椒、苏木、末香、红木、檀香、沙藤、自鸣钟、时辰表、大呢、羽缎、哔叽、小绒、洋布、花布。所有运出者，茶叶、湖丝、绸缎、手巾、紫花布、夏布、剪绒、绉纱、纹布、花幔、丝绢、绣绢、牙器、银器、漆器、云母、草席、磁器、白矾、笙竹、硼砂、樟脑、桂皮、桂油、桂子、硬饭头、铜箔、雄黄、牛胶、藤黄、澄茄纸、墨、铅粉、麝香、大黄、白糖、冰糖、糖果、姜黄、银砟等货。……道光十七年，外国船到英国埠头者，大小七千四百余只，每年所纳税饷，共计银六千六百万两。"[18]

这段文献记载了中英丝路贸易量之大，交易货物之繁，品种之富，船只之多，纳税之巨，足见清道光十八年（1838年）前后中英海丝贸易的规模是空前的。在这份长长的列单中，除了原材料和农产品之外，运进广州府的西洋器物有玻璃器、自鸣钟、时辰表等，运出广州府的中国器物有牙器、银器、漆器、磁器（瓷器）等。其中，诸如进口的乌木、红铜、珊瑚、玛瑙、青石、火石、象牙、犀角、锡、铅、铁、钢、苏木、红木、檀香、沙藤等，或出口的云母、草席、笙竹、铜箔等货，它们也均为器物加工的原材料，可归入器物交往之列。换言之，中英丝路交往中的器物份额是较大的，尤其以中国的漆器、瓷器以及其他金属器皿居多。《海国图志》所记载的中英器物交往或再现了清道光时期海上丝路的繁荣盛况，或直接昭示19世纪之前的中国是全球主要的贸易出口国或器物输出国。

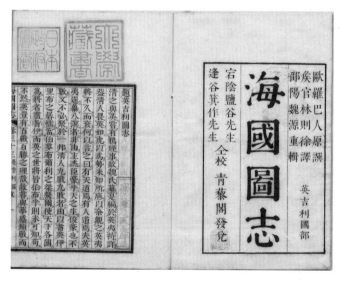

▲ 图 1-6　清代魏源《海国图志·英吉利图志》

器物成为中英民众交往的重要介质，中国器物已然成为英国民众的稀罕物，并被英国民众世代珍藏。至今，英国大英博物馆还藏有汉代对鸟纹金铜扣耳杯（长径 17.5 厘米）、汉代铜箔贴花狩猎云纹奁（12.4 厘米，径 20.8 厘米）、唐代银平脱碗（径 10.8 厘米）等中国珍贵古代器物。另外，英国苏格兰博物馆收藏着一件款识为"大明天启癸亥年制"的戗金彩漆龙凤纹方几[19]，英国国立维多利亚与艾尔伯特博物馆收藏着一件有五爪金龙图案的 16 世纪中叶彩绘漆碟[20]，英国大英博物馆藏有清代剔红帽架（高 29.5 厘米）和剔红香炉（高 21 厘米）。器物是文化的载体，中国器物的输出即为中国文化的输出。这些被英国永久收藏的中国古代器物及其工艺文化，在英国民众的心里留下的是对中国丰富的、久远的想象。或者说，英国博物馆收藏的中国器物在英国被广泛传播、接受与体认，进而促使英国民众对中国及其文化产生想象与理解。

文献和实物见证了中英早期物的交往，再现了早期中英丝路交往的图景。或者说，物的交往是早期中英丝路交往的主要形式，它记录和再现了早期中国与英国之间贸易往来的时间表，反映出中英民众对彼此审美趣味的吸收与想象，展现出在丝路交往中中英民心相通的行为特质以及各自社会的文化追求和制度结构形态。确切地说，"交往的物"是"文化的物""趣味的物"和"社会的物"。因此，窥视中英物的交往历史，就像借助"文化与社会的温度计"一样，能够"实时监测"着中英社会的生活温度、审美温度和社会温度。尤其是全球范围内的器物交往，它如同一面明亮的镜子，或能镜像出早期中英的丝路往来和交往境况，也能镜像出英国工业革命及其全球扩张的历史与逻辑。

5. 古瓷镜原：中非丝路交往的关键锁链

在方法论上，古人治史倡导"格致"先"镜原"。同样，对早期中非丝路交往史的镜像，势必将中非丝路交往史的镜原作为考察的起点。所谓"镜原"，即镜像或考察最初的知识系统的本原。在阐释系统上，"镜原"可以是知识研究的切入点，也可以是研究历史的逻辑线索。就中非丝路交往而言，古瓷或外销瓷也许是非常活跃的镜原对象。譬如在桑给巴尔岛卡金瓦出土的 176 枚中国宋钱和大量瓷片[21]，或可镜像这里曾有中国古瓷的输入。

在非洲大陆，这里确乎是"中国古瓷的宝库"。《中国古瓷在非洲的发现》研究显示，涉及非洲 17 个国家和地区的 200 多个地理地点，中国古瓷的出土数量多、种类繁、分布广，并且中非瓷器交往与使用的延续时间长[22]。就瓷器类型而言，主要有越窑青瓷、龙泉窑青瓷、耀州窑青瓷、定窑白瓷、磁州窑白瓷、景德镇窑瓷（含青白瓷、青花瓷、釉里红瓷、彩瓷）、德化窑瓷（含青瓷、白瓷）等。就古瓷年份而言，非洲出土的古瓷的生产时间上至晚唐，下至清代中叶。毋庸置疑，非洲发现的中国古瓷是丝路交流非常有力的证据，它是见证中非丝路交往有力的镜原对象。

龙泉窑古瓷是销往非洲的大宗商品之一，在靠近红海的北非和临近印度洋的东非均考古发现龙泉窑古瓷。就出土空间而言，中世纪的东非贸易港口城市及距离其不远的内陆城市的宫殿、清真寺、贵族邸宅和柱墓，以及城市建筑废弃点等地出土的龙泉窑古瓷最多；就出土数量和器型而言，在非洲发掘出土的元代龙泉窑古瓷的数量多，尤以瓷碗、瓷盘、瓷罐等类型居多。明代，随着青花瓷的发展，龙泉窑瓷器逐渐被江西景德镇和福建等南方窑场生产的青花瓷所取代，明中期以后基本不见。建筑遗迹是人类居住及其日常活动的空间的遗存，它是反映人类自我空间生存活动及其文明程度的窗口。因此，陶瓷作为建筑空间的元素或镜像原，可以再现人类活动场景及其社会交往历史。

早在 6—7 世纪，中国瓷器就被运往非洲，进入非洲普通民众家庭，而大规模的瓷器输入非洲的时间出现在 9—10 世纪。根据在埃及、肯尼亚、埃塞俄比亚、索马里、坦桑尼亚、津巴布韦、赞比亚、刚果等地的墓葬出土的中国瓷器和瓷片判断，大约从晚唐至清代的各个时期均有中国瓷器的输出。在非洲的墓葬里，俨然出现一种中国古瓷遗址景观。墓葬是人类死后的冥界空间，是死者生前日常空间的"再设计"或对未来生活的"概念设计"。因此，埃及、肯尼亚等非洲墓葬出土的中国古瓷显而易见是非洲人的遗物或陪葬品，或显示出非洲人对中国陶瓷在墓葬空间使用中的时间性象征意义——或权力，或财富，或宗教，当然也能镜像出中非丝路交往中的陶瓷贸易、生产与传播等历史场景。

2010 年，中国和肯尼亚首次合作进行肯尼亚沿海水域水下考古调查，先后发现 6 处水下文化遗存线索，并发现了中国古瓷器[23]。在位于马林迪北部纳美尼村北部码头的纳美尼沉船遗址发现了釉陶片、陶瓷器等，在蒙巴萨

（《郑和航海图》中记载的"慢八撒"）耶稣城堡出土了中国青花碗、青花瓷以及去白釉瓷器等。沉船是中非海上丝路交往非常有力的镜原或证据链，直接镜像出早期中非丝路交往中的海上贸易活动。因此，从沉船出水的中国古瓷看，早期非洲与中国的丝路交往是十分频繁的，中非之间的陶瓷交往已然成为中非丝路交往的典型形式。

总之，非洲的建筑遗迹、墓葬遗址和沉船遗址是镜像中非丝路交往的三大核心锁链，是构成古瓷镜原的完整证据链。

6. 古瓷：中葡丝路交往"物的锁链"

1995—1997 年间，考古人员在葡萄牙中部城市科英布拉旧圣克拉拉修道院遗址考古中，发掘出土了中国古瓷片 5000 余件，可复原古瓷片或有 400 余件[24]。该遗址的古瓷景观或能牵引出丝路文明互动的寻迹线索，构成丝路交往的重要锁链。

▲ 图 1-7　葡萄牙科英布拉圣克拉拉修道院

大约在 16 世纪，圣克拉拉"修道院的女性权贵供养人仅有记录在册者就达上千位，当中包括大量皇室及贵族成员。她们的捐赠，构成了此时期修道院获得精美中国瓷器的主要途径"㉕。换言之，16 世纪左右的葡萄牙皇室拥有大量的中国精美瓷器，并将其作为社会交往中的馈赠品施舍或捐赠给修道院。因此，可以临时性地推测认为，当时的葡萄牙皇室与中国明朝有密切的丝路交往，在丝路贸易或其他交往中获得了大量的中国瓷器，中国瓷器由此构成他们生活的一部分，甚至成为他们宗教生活的一部分。在此，作为丝路交往的古物，瓷器也能进一步地隐喻出文本之外的历史事实：物的交往是丝路交往的重要对象，丝路上流动的物已然超越它在贸易、使用和欣赏层面的物本身的内涵，越向了葡萄牙皇家"权力"（使用昂贵的中国瓷器）、"航海技术"（从欧洲西端横渡海洋来到中国）、"大航海战略"（全球殖民扩张）、"文明互鉴"（瓷器或改变了葡萄牙的生活方式）等更加深层次的象征寓意，抑或说，瓷器构成葡萄牙社会或文明的隐喻体。毋庸置疑的是，"古物—文本—隐喻"或构成丝路交往可阐释路径的方法论，以此亦能较为充分地揭示中葡丝路交往的事实历史与发展逻辑。

因此，就方法论而言，"古物—文本—隐喻"之三维结构方法论的展开，或是阐释丝路交往的策略之一。古物是反映社会交往结构的一面镜子，或能镜像出古物的手工业生产、流通及其社会制度等历史状况；文本是古物本体社会文化性层次的所指对象，它或指向了古物自身所展示的可视性文化，包括古物的图像、文字、色彩、造型、形体、结构、材料等文化内容信息，即古物本体所承载的文本信息；隐喻是构成古物和文本之外的所有社会性层次的内容所指，它或指向古物背后的国家制度、经济、政治、外交等高层次内容，包括宗教思想、经济战略、制度文明以及意识形态等不可视的历史事实。当然，古物、文本和隐喻的三维结构要素在分析时不是割裂的或有严格的区分，而是相辅相成的存在或是同时被使用。

简言之，葡萄牙中部城市科英布拉旧圣克拉拉修道院遗址出土的瓷器作为丝路交往的古物证据，是反映中葡物的交往非常有效的可视文本，也是有力的不可视的隐喻。或者说，古物作为全球丝路交往的文本媒介和隐喻媒介，是再现丝路交往动因、路径、想象和互动的重要参照系，是阐释丝路文明互动、互鉴有效的锁链。

7. 丝路交往的古物场景及复原

丝路是流动的文明之路，全球文明在这里流淌与延展。在物的交往中，工匠文明或是丝路文明流淌的重要标识或标本。物的交往是中国和波斯丝路早期交往的重要形式，它不仅见证了中国和波斯丝路工匠文明交往的久远历史，还反映出中国和波斯丝路交往的文明偏向。在中国境内以及域外不断出土的与波斯文明相关联的匠作古物，已然成为中国和波斯丝路交往的关键锁链，即串联这些古物可初步复原出中国和波斯丝路工匠文明交往的流动轮廓及其场景。

从国内考古资料看，中国和西亚波斯的丝路交往或在新石器时代就已开始。考古学家在西藏昌都市卡若遗址发掘中，"曾出土了一种长方形骨片，靠近两端刻有横槽，这与伊朗西部克尔曼沙甘吉·达维（Ganj Dareh）新石器时代早期遗址所见的骨片如出一辙"[26]。这里出土的"骨片"可能是早期西亚波斯与西藏文明交往的远古物证，或构成中国和波斯早期丝路交往的前端锁链。另外，位于印控克什米尔东南部的拉达克，它原是中国西藏的一部分。考古学家在拉达克列城的考古发掘中曾经发现了"不同于属于短头型西藏人种的现在拉达克人的长头型人种头骨，还有各种各样的青铜饰物，其中有手指大小的椭圆形珠子、假宝石制成的珠子、顶部有三角形孔和挂环的铃形垂饰和青铜碎片"[27]。这里的石珠和汉墓中出土丝织物上带有波斯风格的纹饰联珠类似。石珠是古代波斯人对太阳神的崇拜物，多装饰于建筑[28]、锦缎、青铜器等空间，也偶见吐蕃墓葬[29]、敦煌[30]或其他佛教壁画[31]。石珠联纹是古波斯萨珊王朝（224—651年）非常"时尚"的装饰纹样，而汉唐中国织锦有类似的石珠纹。或者说，拉达克出土的石珠与波斯文明不无关系，或能再现出西藏文明与早期波斯文明之间有互动和互鉴的渊源关系。

从国内考古资料看，唐代长沙窑曾出土犀牛、大象、骆驼等动物造型的器物[32]，这些出土器物明显带有波斯艺术风格。另外，在江苏扬州、福建福州、广西桂林和容县也曾出现类似波斯风格的古陶。它们构成海上丝路文明交往的重要锁链，复原了中国和波斯丝路交往的古代场景，再现出中国和波斯工匠文明交往的历史。

从国外考古资料看，越窑青瓷遍及西亚，它已然构成中国和波斯丝路交往的独特遗址景观。譬如，伊朗的萨马腊、内沙布尔、希拉夫遗址发现大量越窑青瓷器，另外在雷伊粒内布等地也有发现。1968—1971年，英国考

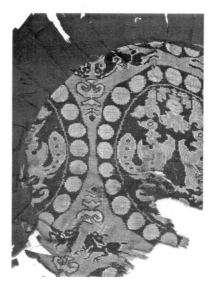

▲ 图 8　新疆阿斯塔那出土联珠纹锦覆面

古学家安德鲁·乔治·威廉姆森（Andrew George Williamson）在波斯湾北岸伊朗南部开展了为期 3 年的考古调查，共发现中国外销古陶瓷残片（从唐至清晚期均有）近 3400 件（现被英国牛津大学阿什摩林博物馆和伊朗国家博物馆收藏）。这些出土古物无疑反映了中国和波斯存在古代丝路交往的客观历史事实。从中国的扬州到菲律宾的吕宋岛以及斯里兰卡的西吉利，再到伊朗的萨马腊、内沙布尔、希拉夫以及布尔古城遗址，出土发现的波斯风格陶瓷和中国陶瓷俨然构成中国和波斯丝路文明交往广域性的古物锁链，它们或能整体复原海上丝路及其流动的工匠文明景观。

　　西亚金银器是公元 7 世纪盛极一时的萨珊王朝的典型器皿。1975 年，在营州地区敖汉旗李家营子村唐代墓葬发掘中，出土了两件属于波斯萨珊朝的银器，其中一件为带柄的银扁执壶，柄部与口缘相接处有一胡人半身像，另一件为底部有一浮起的老虎纹的银盘 ③。1987 年 7 月，在宁夏固原隋史射勿墓中，发掘出波斯萨珊时期的银币 ④。这些匠作器物或为中国工匠所制，或为波斯工匠制造。从营州、固原、平城等地出土的萨珊系金银器或能复原西北路上丝路贸易和人员交往的情景，再现波斯风格的金银器被贵族使用的风尚及其生活文明。

波斯萨珊朝银币也是见证中国和波斯丝路交往与贸易有力的证据锁链。《汉书·西域传》记载："安息国，王治番兜城，去长安万一千六百里……亦以银为钱，文独为王面，幕为夫人面。王死辄更铸钱。"㉟可见，银币是波斯萨珊王朝的通行货币。考古人员曾在广东省遂溪县边湾村入海口附近发现南朝时期的窖藏，该窖藏出土了约 20 枚萨珊朝银币㊱。丝路沿线出土的波斯萨珊朝银币暗示，它作为一种丝路上流通的贸易货币是可能的。它也许是西北"丝路银币"或"西域银币"的"通行货币"，或被波斯人、粟特人、克什米尔人等使用。

简言之，中国和波斯丝路交往所留在丝路上的骨片、石珠、釉陶、古瓷、金银器、银币等古物绝非孤立和静止的，它们彼此勾连，共同建构出中国和波斯工匠文明交往的丝路景观。每一种物的交往或流动均构成独特的丝路文明场景，进而形成中国和波斯工匠文明交往的丝路锁链。

三、丝路文明互鉴：从技术物到文明物

1. 中美文明互鉴

18 世纪以后，美国与中国已经建立了正常的海上丝路贸易，并大规模地从中国的广州港以及南京等地区进口中国匠作物品。尤其是"广瓷"和"南京式样"等中国特色器物被源源不断地输入美国。因此，美国的普通家庭拥有了来自中国的屏风、家具、器皿以及其他小装饰器物等。一些美国贸易商的家庭更是大量藏有中国漆器、瓷器、丝绸、牙雕、家具、漆篮等器物。在中美工匠文化贸易下，"中国皇后号"伴随"西渐东风"正猛烈地朝着美国普通家庭驶去，进而革新与改变了美国人的生活方式与美学情调，并提高了他们的生活水准和文明水平。

第一，各色漆器、瓷器等用具成为美国人的生活时尚与奢谈对象。器物是生活的伴侣，生活与器物是分不开的。美国人自从有了中国瓷器、漆器，俨然改变了他们的审美、时尚和格调。美国学者乔纳森·戈尔茨坦（Jonathan Goldstein）如是指出："假如说旁观者已被早年美国家庭里中国海景的现实所迷惑，那么，拉蒂默书房里展示的东西更会使他大吃一惊，中国的瓷茶杯、茶杯碟、奶壶、茶壶、糖盘、茶几，以及茶叶罐，每件东西都绘有彩色的'广

州'或'南京'边纹……在灯光昏暗的走廊尽头，可以看到，洗脸架上还放着一些耀眼的紫色和金黄色的中国漆制盥洗用具。可见，沃尔纳特大街与其说是富裕，毋宁说是自豪，而且是东方格调的自豪。"⑰显然，来自东方中国的瓷器、漆器成为当时美国人的一种生活时尚和美学格调。更令美国民众惊讶的是，这些精美的器具在当时也不算太贵，普通家庭也是能接受的。普通人家庭均拥有来自东方的中国器物，说明瓷器、漆器使用的普及化程度相当高，也能推断出中美工匠文化的交往规模在慢慢扩大。

第二，中国家具成为美国人的挚爱，抑或是一种高雅的消费对象。在18—19世纪，拥有一间"中国式样房间"或成为普通美国人的一种高雅情趣和追求。所谓"中国式样房间"，即用中国格调的室内陈设装点他们的房间，尤其是用中国的屏风、沙发、柜橱、果篮、瓷器、漆器等装点他们的空间。在今天，美国的许多博物馆、收藏家那里，还能看到各式各样的漆器家具，有竹家具，也有木家具，包括清式漆座椅、漆橱柜、漆梳妆台、漆果篮，等等。可见，中国工匠文化在早期广受美国人的喜爱，并应用于他们的日常生活。早期的美国民众在消费中国家具的同时，也在消费着来自中国的优秀传统工匠文化与工匠美学思想。

▲ 图 1-9　美国纽约大都会博物馆藏中国 16 世纪嵌螺钿家具

第三，中国屏风在美国广受青睐。明清时期，中国皇帝对屏风的酷爱以及屏风的大量生产，引起美国人的关注与喜爱，尤其是中国屏风的绘画叙事特征激发了美国人的艺术想象与美学情趣。美国学者亨德里克·威廉·房龙（Hendrik Willem van Loon，1882—1944 年）在《房龙地理》一书中道出了其中的真谛："中国的绘画、雕塑、陶器和漆器很适合进入欧洲和美洲的家庭，但是印度的作品即使是放在博物馆里也会打破和谐，并且使人感到不舒服。"㉘ 房龙的叙述确证了中国屏风在美国室内空间中的使用起到了一种"和谐空间"及美化空间的作用。

不过，值得注意的是，卡洛琳·弗兰克在研究中国器物与美国殖民地民众的关系时也注意到，"北美殖民地的人们虽然使用了大量中国商品，但并不大力宣扬或赞美，反而表现出矛盾心理。他们一方面竞相追捧，以拥有中国商品为荣；另一方面却故意不提中国而称之为'印度货'。所以，尽管中国商品是美国多元文化的一个来源，但在美国的历史中几乎了无痕迹"㉙。可见，在多元的美国文化体系中，中国传统工匠文化并没有被他们"记录"或重视。导致"中国货"在美国遭受这种境遇的原因主要有两个：其一，由于明清时期中国实施"禁海政策"，印度成为 18—19 世纪"中国货"的中转地，很多中国器物在印度市场被美国商人运回美国。也就是说，美国商人并非直接从中国市场运回"中国货"，因此，他们误以为这些"中国货"是"印度货"。其二，由于美国殖民者太过于迷恋与神往"中国货"，不大愿意接受"中国货"，这可能是出于虚荣心或经济方面的考虑。无论北美殖民地的人们是否承认"中国货"，毋庸置疑的事实是，中国工匠文化通过海上丝路被大量输入美国，并进入美国普通人的家庭及其生活空间。同时，来自东方中国的匠作格调和美学也改变了美国人的时尚、情趣和习惯。更进一步地说，海上丝路工匠文化所承载的中华文化与中华美学成功地跨出国门，走向美国普通民众，并成为世界工匠文化传播的典范，显示出中国工匠文化在世界的重要地位和显赫身份，展现出全球物的交往的价值与作用。

从物的交往机制看，中美文化的交流始终是互动和互惠的，绝非单向的。从 18—19 世纪中国工匠文化对美国民众生活的影响看，中国工匠文化对美国文化发展的影响是深刻的，已然渗入普通美国人的日常生活、审美情趣和艺术思想。在晚清时期，美国的髹漆文本《髹饰致美》被引入中国，它或标志着中国工匠文化在中美文化交往中首次出现文化逆差，即美国的工匠文化（主要是手工业文化）开始向中国倒流。实际上，18世纪后期，西洋的器物已经开始向中国宫廷以及沿海民众家庭渗透。譬如，这个时候的中国漆器市场充塞着"洋漆"，来自日本的漆器也大量"渗入"中国，还有来自西洋的珐琅彩、秒表、摆钟、地球仪等器物。这说明，中国一贯输出工匠文化的局面已经被打破，原来的"输出国"地位开始动摇。那么，晚清政府为何要引进美国的《垸髹致美》呢？从当时的国内背景看，这主要有三点原因：第一，引进《垸髹致美》是中国洋务思潮与中国早期工业生产的直接需要。甲午战争之后，清政府开始意识到国家在"制器"上的严重不足，几千年来的匠作技术物同西方科技物无法比拟，尤其在造物技术上显得十分落后。因此，洋务派的大臣们开始主张讲求时务、提倡西学和务实技术。在此社会形势驱动下，译介西学成为当时学习西方科技的重要路径。诸种西学书籍由当时的江南制造局翻译馆负责翻译、出版与译介。在洋务大臣们的眼里，"美以富为强"，技术相当发达。张之洞、李鸿章等洋务派认为："（美国技术）最新，距华最远，尚无利我土地之意。"[40] 于是，在此思想指导下，清光绪二十五年（1899年），小仓山房石印本《西学富强丛书》以"备求强救国者采撷"。该丛书涉及西方手工业文化的，就有1884年刊行的介绍美国髹漆的文本《垸髹致美》[41]。该著内容涵盖西方硬（俗称东洋漆）的种类、科学配方及上漆技术。显然，《垸髹致美》是西"漆"东渐的时代产物，它的引进是洋务运动的需要，是中国早期工业生产的需要。第二，引进《垸髹致美》是晚清社会发展实业科技对西方新技术存在的需求，符合翻译馆译书之标准。晚清社会发展实业"自强救国"的当务之急，就是学习西方新技术。于是，晚清政府希望通过翻译西方科技图书，加紧学习西方新技术。熊月之指出："所述各种工艺，有的在西方尚属先进，有的虽已过时，但在当时中国，仍不失为有用的技艺。"[42] 可见，晚清引进技术文本《垸髹致美》，是当时社会之需、技艺之需。换言之，中国早期的实业技术发展需要引进欧美的工业技术，尤其是欧美的工业革命成果。第三，引进《垸髹致美》有补于《髹饰录》广漆配方的缺陷，是对中国生漆技术的一次改进。在中国古代，生漆技术一直以原始的状态和工匠经验操作的面貌出现，并非以化学科技的知识形态出现。因此，中国生漆的现代技术改进成为洋务运动的必需。洋务重臣盛宣怀、张之洞等人强调"制器"之重要性，并主张"工商立国"。在洋务运动期间，轮船、铁路、造炮、冶炼等部门都要大量使用髹漆及其技法，而传统的《髹饰录》侧重手工业的髹漆技法，其技术"配方"只适合在家族内部或手工作坊传承，很难适应晚清实业的大规模发展需求。侧重髹漆技术"配方"科学的《垸髹致美》，无疑有补于《髹饰录》之广漆配方的缺陷。毋庸置疑，被引进的《垸髹致美》是洋务运动的直接产物，是晚清发展实业的需要，是晚清洋务派基于对中国科技发展的思考而做出的必然选择。同时，《垸髹致美》的引入暗示美国工匠文化已然开始渗透中国，进而打破了中国工匠文化一直秉承输出主义的局面。同时，《垸髹致美》的技术配方也给中国髹漆技术带来新革命，或引发了中国漆工对传统大漆科学的再思考。换言之，中美早期工匠文化的交往是互动和互鉴的，不仅仅是基础层面的物的交往，更是国家层面的技术交往。除此以外，《垸髹致美》的引进也昭示这样一个事实：美国的工艺技术与中国的工匠技术之距离已经拉开。或者说，欧美国家18世纪以来的工业革命已经引发了全球的技术革命，并由此带来全球格局的变换。1793年来华的英国乔治·马戛尔尼带给乾隆的"地球仪"对世人产生的思考是意味深长的，因为地球仪是西方工业革命的产物，是欧洲引以为豪的在地理学与机械学方面的科学成就。同样，《垸髹致美》是美国在工业化学和材料学上的突出科学成就。这些科学成就对于洋务运动时期的工业生产有极大的帮助，尤其在机械、造船、建筑等领域更加突出。因此，《垸髹致美》对于中国一直引以为傲的"中国漆"及其工艺来说，是一次物的交往之外的冲击与碰撞，它或回应了"帝国的停滞"这一不争的事实。

目前有文字记载的在拉美的"华人工匠"，是被西班牙人掳掠或拐卖到拉美做工的，当然也有"契约"工匠。譬如1585—1590年间，"菲岛殖民当局又遣使到福建、广东招募华工，于是数以千计的中国木匠、泥瓦匠、铁匠、织工等各行业手工工人及农民陆续到菲岛侨居做工。……西班牙人有时也把自己雇佣的中国仆役和工匠带到墨西哥去"[43]。也就是说，早期在拉美的工匠主要是在菲律宾殖民地的华人，大部分工匠来源于福建、广东等地，主要是通过"招募""雇佣"等方式，种类主要有木匠、铁匠、泥瓦匠、纺织工匠、裁缝匠等。不过，"最早的秘鲁华人移民也从事家佣和工匠的职业，他们的身影出现在矿山、鸟粪场以及安第斯铁路的建筑工地。……大部分华人劳工是在受到威逼、利诱的情况下签约的"[44]。换言之，16世纪末的华人工匠基本上是通过不正常的应募方式前往拉美。"十六世纪末，西班牙王室下令允许华人工匠进入拉丁美洲。于是数以千计的中国工匠，包括织工、裁缝、木匠、泥瓦匠、铁匠、金银首饰匠以及理发师等，从马尼拉陆续转往拉丁美洲做工"⑮。那么，这些侨居菲律宾的华人工匠群体是如何产生的呢？在菲律宾的华人工匠的可能来源有三：一是亦商亦工的人群在海上丝路贸易的诱惑下，从中国沿海或内地迁徙到菲律宾去做工匠。《三洲日记》记载："曩闻金山华商言，墨西哥都城屋房有类华式者，似华人之经商于墨，古亦有之。"⑯可见，墨西哥的华人建筑工匠或本为海上丝路的商人。二是来源于中国的一些僧侣工匠，他们在传播宗教的同时，也带去了中国工匠文化。三是受到明朝政府匠籍制度的迫害，或因犯罪，而可能流亡至菲律宾做工的工匠。

事实上，中国工匠前往拉美国家这一现象，导致的不仅仅是"工匠侨居"的问题，还在于"工匠侨居"之后影响拉美的工匠文化朝向新的文化样态发展。中国工匠来到拉美国家，不仅有助于加强与扩大中拉之间的贸易和经济联系，促进双方生产经验与技术的交流，而且直接影响着当地人民的生活习俗与风尚。

在17世纪的拉美国家，中国风格的瓷器成为他们建筑的材料。瓷器也成为他们日常生活中显赫的装饰品。另外，在墨西哥和利马等城市，许多人把中国瓷器当作装饰品摆放在客厅和餐厅里。

在19世纪，受西班牙殖民统治的北安第斯国家厄瓜多尔的基多人特别喜欢仿制中国漆雕像。厄瓜多尔的基多人在刻刀、用色及髹法工艺上明显受到中国漆器技法的影响。另外，拉美印第安人手工艺中的中国色彩也十分显眼，即当地土著艺人对中国图案及色彩表现出浓厚的兴趣。

在18世纪，随着中国僧侣和建筑工匠来到拉美国家，中国宗教艺术在拉美的传播影响了当地的教堂装饰，以对壁画艺术的影响最为典型。譬如，"在（巴西）奥罗普雷托附近的莎巴拉市的教堂里有中国古代的木雕壁画！……莎巴拉是位于米纳斯吉拉斯州首府贝洛奥里藏特以东30千米处一个风景秀丽的小镇。……小镇上竟有3座教堂拔地而起……颇似中国的宝塔。进得教堂，迎面便看到神龛两侧有4幅典型的中国木雕画。……据了解，圣玛丽亚·奥教堂动工于1717年，由一位从澳门来的中国技师主持建筑"⑰。这些来自中国的木雕壁画、宝塔以及木雕画，显示出中国工匠文化在拉美宗教建筑中的渗透与影响。

在19世纪初，中国绘画文化沾溉由美国远及墨西哥，虽然墨西哥受当时表现理想社会艺术的影响。墨西哥著名画家西凯罗斯（David Altaro

Siqueiros，1896—1974 年）颇受中国漆画艺术的影响。他喜欢使用新型材料作画，如加漆的颜料。毋庸置疑的是，拉美艺术家的创造明显受中国壁画和漆画的影响，常利用中国的漆材料来作画。

▲ 图 1-10　西凯罗斯使用漆的壁画作品

　　在明清时期，中国艺术格调对拉美民众的消费与审美产生了不小的影响，尤其是对拉美上层社会的家具陈设和室内装饰的审美情趣与时尚产生偏向。或者说，"中国传统的清新高雅的东方格调，也强烈地影响着当地社会上层对家具陈设和室内装饰的爱好与追求。如墨西哥的塞万提斯家族和科尔蒂纳公爵等，为了夸耀其门第的显赫和高贵，都曾派专人赴华定制成套的'纹章'瓷。他们在居室厅堂精心布置摆设中国屏风、精雕漆柜、镂花硬木家具以及丝绸绣花台布和窗帘，墙上贴着中国的壁纸并悬挂着中国的山水字画，造型优雅、高达一米多的大号中国瓷瓶，则摆在富丽堂皇的大客厅里，并备有各式中国瓷制餐具，非常引人注目地显示他们的财富和地位"[48]。换言之，中国明代的瓷器、漆器、家具、屏风、橱柜、丝绸纺织品以及壁画，成为拉美人炫耀财富与吹嘘地位的凭借，因为它们有清新高雅的东方格调，是门第显赫和高贵的象征，是富丽堂皇与引人注目的审美艺术。

另外，在巴西的建筑空间，同样充塞东方器物文化的格调。譬如，"萨瓦拉的一座圣母院内，小教堂的塔楼不仅与亚洲的宝塔形状相似，而且装饰其托座的图案具有明显的中国风格"[49]。毋庸置疑的是，拉美国家的宗教建筑风格是中拉器物交往或工匠交往的产物。

丝绸是海上丝路的大宗货物。在中国和拉美国家物的交往中，丝绸占据很大的份额。"印第安人用土特产品交换中国货物，秘鲁的矿工也喜欢用结实耐穿的中国亚麻布缝制衣衫。"[50]随着中国丝绸以及亚麻布服饰在拉美国家的普及，拉美对蚕丝的需求越来越大。于是，拉美国家的养蚕业以及丝织业开始发展起来。"1503年，养蚕技术从西班牙传入伊斯帕尼奥拉岛。此后不久，墨西哥中南部地区养蚕业也迅速发展起来。到1541年，墨西哥的生丝产量已达一万五千磅以上。随着养蚕业的兴起，墨西哥的丝织业也兴旺起来。1543年墨西哥城已有天鹅绒作坊40家以上。墨西哥丝织业的繁荣引起宗主国西班牙的不满。西班牙为保护本国的丝织业，并使西属美洲在经济、政治上处于依附地位，便对墨西哥新兴的丝织业采取了遏制政策。"[51]可见，中国的养蚕技术传入拉美国家之后，给当地的养蚕业带去深远影响，尤其促进了拉美国家丝绸织业的快速发展。

中国和拉美的器物交往不仅给拉美带去中国的工匠文化，拉美文化也被华人工匠或商人带回中国，直接影响和改变中国文化样态及其发展走势。拉美对中国器物存在大量的需求，直接促使中国沿海地区手工业和商业的繁荣。明清时期的福建漳州"农贾杂半，走洋如适市"[52]，福建龙溪"机杼轧轧之声相闻"[53]。墨西哥鹰洋得到了广泛的流通，并一度成为我国通行的银币。

简言之，物的交往所产生的影响是多样和相互的。中国器物文化对拉美国家的影响是多方面的，不仅表现在手工业、商业、经济、艺术、文学等领域，更多的是在生活方式及其文明发展上展现出中国器物的力量，也展现出中国器物在世界文明生态体系中的价值。

2. 中德文明互鉴

对器物及其风格的模仿与创生是丝路交往中各国彼此互鉴与深入发展的表征，是丝路交往的必然扩展。马克思指出："某一个地域创造出来的生产力，特别是发明，在往后的发展中是否会失传，完全取决于交往扩展的情况。"[54] 在中德丝路交往中，德国民众对中国器物风格及人们生活方式的模仿，创生了属于自己民族的器物，从而使得中国器物文化在德国广泛传播并有了深远发展，这完全依赖于中德丝路的交往与扩展。

欧洲民众对中国陶瓷、漆器的模仿方式大致有三种：模仿制作、模仿材料与模仿风格。但在本质上，欧洲民众对中国陶瓷和漆器的制作模仿，是对中国生活方式及其文明的模仿。歌德（Johann Wolfgang von Goethe，1749—1832 年）在斯特拉斯堡求学时曾读过中国儒家经典的拉丁文译本与杜赫德的《中华帝国全志》等有关中国的著作[55]，对中华器物文化略有了解，并对中国的漆器尤为感兴趣。他在莱茵河畔法兰克福故居里设有中国描金红漆家具装饰的"北京厅"，厅内陈设有中国式红漆家具等物品。很明显，这是歌德对中国空间装饰的一种"生活化模仿"，或是一种"文明模仿"。毋庸置疑，欧洲民众对中国器物的模仿，无论是物质表层的模仿，还是生活模仿或文明模仿，都建立在理解的基础上，即便是集体无意识的理解，因为理解是交往的本质特征。"交往的目的在于增进理解。"[56] 欧洲人对中国包括器物文化知识在内的所有眼见的真实知识或通过游记的转述性知识，均带有"童话般诗意"的想象和情感模仿色彩，进而激发欧洲人的文艺创作智慧。德国人利奇温（Reichwein）曾这样描述："瓷器象征了罗柯柯时代特有的光采、色调、纤美，它激发了像下面所举的赞美的诗篇：'中华土产有佳瓷，尤物移人众所思。艺苑能辟新世界，倾城不外亦如斯。'（译意）"[57] 利奇温不仅肯定了中国瓷器在 18 世纪"罗柯柯时代"（即"中国风时代"）中扮演的关键角色，还把中国瓷器视为"尤物"，有"倾城"之美，能开辟"新世界"。利奇温的文学智慧与德国工匠一样，都因对中国器物的理解与想象而创生了新的文艺样态。18 世纪后期到 19 世纪前叶，即大约处于中国的明清时期，中德文化交流与交往达到高峰期，中国的器物文化在德国的传播与发展也达到高潮。究其原因，明清时期纤巧与奢华的瓷器、漆器、丝绸等中国匠作物在一定程度上契合了德国人的审美趣味。当德国人厌倦了严肃的哥特式和奢华的巴洛克艺术时，中国艺术那种亲近自然而又散发生活情调的美学趣味便快速地被德国民众接受，进而瞬间走进德国民众的生活。更进一步说，对古老中国器物文化的模仿成为德国人解读自我文明和确立自我位置以及建构文化秩序的一种有效策略，以此来适应或改变启蒙时代的德国社会及其文化。

欧洲民众的艺术创生直接来源于他们对中国器物的想象与需求，对中国器物的想象是驱动其器物需求的诱因。从更深层次来说，欧洲民众对中国器物的创生还来自经济或政治方面的考虑。各种形式的漆器广为流行，曾引起了老弥拉波侯爵（Marquis de Mirabeau）从经济方面出发的愤怒指责。老弥拉波侯爵的愤怒指责背后还隐藏着深刻的政治原因，即作为文化他者的中华文化的"异己力量"在德国进行扩张与延展。显然，作为中华文化载体的器物文化在欧洲的溢出及其想象，毋庸置疑地创生了一种经济和政治意识形态领域"乌托邦式的恐慌"。实际上，德国民众对中国文化的"乌托邦式的恐慌"是一种接受后的间接的他者想象。但对异域文化的接受并非完全只有想象性的担心或恐慌，古老的中国文化也给欧洲带来新的艺术样态和文化式样，即创生了一种来自中国风格的欧洲艺术和文化。当奢华的漆器和精美的瓷器通过丝路传入欧洲时，欧洲人便开始仿制中国漆器和瓷器，并为了满足欧洲民众的需求而大规模地生产。除了漆器之外，德国也在17世纪中叶之后开始创办瓷器工厂。"当荷兰珐琅釉制造业繁盛时，德国于1662年在汉苏（Hansu）也设立一家珐琅釉工厂，不久德意志其他地区亦相继设立。德国人波特格尔（Johann Friedrich Bottger）和恰尔恩豪斯（Ehrenfried Walter von Tschirnhaus）在萨克森选帝侯腓特烈·奥古斯都一世（1670—1733年）的资助下，于1707—1709年试制成功白色透明的硬质瓷器，欧洲各国历时一百多年对瓷器制造秘方的探索终于取得成功。萨克森王室对波特格尔的成就进行验收并作商业评估之后，于1710年1月下令在德累斯顿（Dresden）建立瓷厂，同年6月迁到附近的迈森（Meissen）。是年第一批迈森白瓷在莱比锡春季博览会上展出，从此名声大噪，而瓷器业很快就成为萨克森最重要的工业部门。迈森瓷厂到1713年才完善其白瓷的制作。德国七年战争（1756—1763年）时期，普鲁士国王腓特烈二世占领萨克森后，面临无钱偿还战争债款的窘境，于是想到用所接管的迈森瓷器偿债，竟然顺利渡过难关。"[③] 可见，德国瓷器研究与生产均获得成功，并在经济社会中发挥了巨大作用。在瓷器生产上，尽管德国工匠追随法国的技术与风格，但德国的迈森瓷风格具有浓厚的中国画意味。尤其在画家赫罗尔特（Höroldt）的主持下，德国瓷器产品充满中国情调与中国美学趣味，多用白底加金色"剪影式"的人物瓷塑作品，对整个欧洲瓷业发展产生了深远影响，更在经济社会层面为德国社会发展提供了帮助。这无疑验证了马克思关于交往与生产力的理论，即社会交往能作用于生产力。

另外，中国器物文化对德国文化的创生与影响还表现在思想或哲学层面，极深刻地影响了德国思想哲学的发展。从17世纪中叶到18世纪中叶，欧洲的思想家、哲学家或文化学者在"中国风"的影响下，激发了创生自我理性世界的思维动力，进而启蒙德国民众对哲学思想的创生与发展。譬如，歌德对中国文化的想象直接源于他父亲房间里中国花卉的蜡染壁挂，进而激发他对中国形象的他者想象——中国是一个"静态的文明的民族"。歌德对中国形象的想象或创生直接影响他对中国形象的理解及其相关哲学思想的诞生，也影响欧洲民众对中国哲学思想的理解与想象。再譬如，德国的哲学家莱布尼茨（Gottfried Wilhelm Leibniz）对于中国研究投入了很多精力，他本人对当时一切与中国文化相关的事物兴趣浓厚，包括中国的器物文化，特别是对孔子及其思想持有肯定态度。他在《中国新论》（1691年）中建议中国与欧洲的两大文化传统互相学习，并提到了儒家的处世之道，对孔子的德行推崇备至，孔子被他描述为中国的启蒙思想家。换言之，此时欧洲启蒙哲学家的理想王国与他们创构的中国形象是契合的，中国文化为他们的哲学启蒙思想的出场提供了动力与奠定了基础。

3. 中英文明互鉴

在丝路交往中，早期中英丝路上的器物交往不仅带来了全球新技术、新工艺的变革与进步，还给英国民众带来了新生活、新风尚。17世纪，英国宫廷生活时尚与中国传统器物文化有着密切的联系。英国宫廷贵族为了得到异域的漆器、瓷器和金银器，他们的商船远涉重洋来到中国，专门"贩卖"异国趣味。佩雷菲特（Alain Peyrefitte）在《停滞的帝国——两个世界的撞击》"结束语"之"异国趣味的贩卖者"节如是描述："马戛尔尼的行为就像是一个专贩异国趣味的商人，他除了供给英国人茶叶、丝绸、漆器、瓷器外，还满足他们到远处冒险的梦想，从中得到某种乐趣。"⁵⁹可见，早期中英的器物交往已然决定了英国民众新风尚和新趣味的走向，特别是对英国宫廷家具陈设、建筑装饰等的影响十分明显。

中国风情的宫廷家具装饰。当英国宫廷贵族醉心于中国风情最热烈之时，中国艺术情调渗透于英国贵族生活的方方面面，以器物文化为最。譬如"马特侬夫人（Madame de Maintenon）在凡尔赛（Versailles）及特喇农（Trianon）二地之家，皆用中国之家私，而绷巴都（La Pompadour）又为罗伯特·马丁（Robert Martin）之特殊主顾，盖马丁能以中国模型之花鸟以装漆器也"。很显然，中国家私以及中国漆器在欧洲宫廷建筑空间中成为一种时尚，中国器物风情成为欧洲宫廷效仿的审美对象。哈克尼（Louise Wallace Hackney）指出："英国威廉（William）及马利（Mary）朝家具，已早受其影响，甚至今日吾人所用家具，犹未能脱尽华风，契彭得尔（Chippendale）及虾披威（Heppelwhite）家具之直接受中国之影响，又何待言。"⁶⁰可见中国漆饰家具在异域受到的礼遇、珍视和产生的影响。另外，英国的齐本德尔（Chippendale）根据中国的样品制作家具，也极

▲ 图 1-11　美国纽约大都会博物馆藏中国风瓷器

大地推动了中国风情家具在英国的广泛流行。值得注意的是，1666 年，在伦敦的一家面包店发生大火之后，整个伦敦几乎被烧成灰烬，而此时的中国家具成为伦敦市民的新时尚。或者说，大火事件近乎改变了整个伦敦及其生活方式，也间接地助长了伦敦人对中国家具的需求，推动英国新产品的研究与开发。正如 Carl Christian Dauterman 在《梦幻华夏图：复原银器上的中国风》（*Dream-Pictures of Cathay：Chinoiserie on Restoration Silver*）中指出："在英国，伦敦大火无疑在满足变革愿望方面具有重要作用，因为在 1666 年 9 月以后，五分之四的城市不得不重建。这场大火增加了对丰富多彩的异国情调之进口商品的需求，如镶嵌漆饰的家具和图案精致的织物。和其他地方一样的是，没有足够的东方材料时，国内的仿制品就满足了供应：时下英伦风格的家具镶嵌着漆匾，或采用东方的风格，全髹黑亮漆……"[61]换言之，英国人在大火事件后对家具的需求激增，间接地提升了英国仿制中国家私及其装饰器物的动力。实际上，当时英国皇家狂刮的中国风只影响到装饰领域，而非设计领域。May，M.G. 指出："齐本德尔式家具将中国图案引入他的一些家具、格子靠椅、爪形球旋脚饰桌等，其中嵌金髹漆家具最为时尚，如同中国丝绸与壁纸上的花色。"[62]齐本德尔式家具的中国图案装饰表明，装饰文化这一早期中国文化在英国非常流行。在英格兰，直到 17 世纪后期，将中国式直角漆橱柜镶嵌镀金仍是一种独特的流行时尚。"直到十七世纪末，镀金雕花支架上的直角橱柜，似乎仍是独一无二的时尚。人们可能普遍认为，这些直角柜门被安装五六个铰链，有穿孔的凸缘以及与之匹配的锁板和弯角，是典型的中国设计：当然，其装饰价值是不可否认的。在威廉三世（William Ⅲ）统治时期，家具为了装饰效果，与其说依赖形式，不如说依赖装饰。"[63]一直到 18 世纪的头几年，这种髹漆镶嵌装饰的流行趋势才有点儿放缓。随着大量优质的中国器物及其他产品流入英国民众生活空间，中国设计也在潜移默化中对英国设计产生影响。赫德逊（Hudson）指出："色丝、刺绣、瓷器、漆柜和漆屏，使欧洲宫廷社会熟悉了中国设计的款式及原理……"[64]这就是说，中国风情或中国趣味的家私及其装饰品最终使得英国民众熟悉和理解了中国设计。

中国风格的英国建筑园林。18 世纪的英国建筑风格受中国建筑风格影响十分显著，即英国建筑园林"华化"明显。哈克尼如是记述："当日之建筑物，华化尤深，十八世纪富人之屋宇或宫殿，倘无一中国亭台，则视为不完全，甚有欲重仿造南京之著名瓦塔者。园艺及正式的园囿同时亦受中国之影响……英国旧式之花园一时几于绝迹。"⑥可见，中国的园林、园艺、园囿等设计风格在英国广泛流行，以至于"英国旧式之花园一时几于绝迹"。直到 18 世纪，著名的英国花园也是中国花园，这说明，中国的园林建筑风格对英国和法国影响深刻。此外，我们于 18 世纪从中国艺术之精华中汲取的全部内容，仅仅是那里接近衰竭时代的一种没落的艺术表现形式。他们迷恋的对象从中国风情发展到家私装饰以及园林营造，一股来自东方的"中国风"在英国流行，从而引发英国人对中国文化与生活方式的向往和迷恋，并由此诞生了仿制中国器物的艺术创作行为。

英国民众对中国物质文化的想象和迷恋直接导致他们对中国器物文化的创生，即给英国手工生产带来变革与发展。丝路交往不仅为英国民众提供了跨时空的器物交往的全球视野，还为中英手工技术文化交往提供了独特的平台。

一直到 20 世纪 20—30 年代欧美"装饰艺术运动"兴起之时，中国漆艺的装饰美学思想还在深刻影响西方。譬如，法国艺术家让·杜南（Jean Dunand，1877—1942 年）酷爱采用中国漆艺装饰他的邮轮"诺曼底号"，并大量使用漆绘屏风。

简言之，早期中英丝路交往是文化创生的基础与纽带，器物交往在中英丝路交往中发挥着非常重要的作用。它不仅带给英国民众想象与审美趣味，还创生了英国民众的新艺术样态，提高了英国民众的设计智慧与创意水平。

4. 中非文明互鉴

器物交往是丝路交往的重要形式。伴随中非器物交往的深入，中国工匠开始横渡印度洋和阿拉伯海来到非洲，从而加速非洲地方手工艺的发展，在中非器物及其技术的互动交往中实现中非丝路交往的文明互鉴。

从全球史视角出发，世界华人工匠在全球文明发展中具有独特的价值。在丝路交往中，物的流动始终伴随人的流动。在所有的人员流动中，工匠的流动已然成为丝路上最为独特的现象。非洲的华人工匠身份比较复杂，既有受雇殖民政府的雇佣工匠，也有因战后重建而需要的契约工匠，还有一些来往中非之间的自由移民。另外，早期前往非洲的工匠或是随中国使团而去的

"官匠"。郑和7次下西洋，其中就有4次抵达非洲。郑和船队携带大量的中国器物[⑤]，随行而去的还有工匠、厨师、测量员、水手等。在今天的布拉瓦郊区，就有一个为了纪念郑和来访而修建的"中国村"，又名"郑和屯"[⑥]。非洲的"中国村"是中非交往的见证，也反映出非洲人民对中国人民的友好感情。

在汉代，中国南方制造的青瓷和釉陶成批地由海上装运到阿杜利（位于今埃塞俄比亚马萨瓦港附近），再由贝贾人［位于今红海和尼罗河及阿特巴拉（Atbarah）河之间山区的游牧部落人］转运到麦洛埃（位于非洲东部苏丹境内）。运往非洲的精美陶瓷引起非洲工匠的关注与好奇，他们开始仿制中国陶瓷。在中世纪的北非和东非，绝大部分地区信仰伊斯兰教，并喜爱制陶艺术。在埃及开罗福斯塔特遗址发掘出土的60万—70万块陶瓷片，除约1.2万块为中国陶瓷残片之外，大部分是埃及自造的，并有仿制中国的陶瓷产品[⑧]。"福斯塔特模仿中国瓷器烧造伊斯兰陶器的数量是十分惊人的。以福斯塔特库藏的六、七十万件陶片为例，其中百分之七十到八十是模仿中国瓷器的伊斯兰陶片。在福斯塔特的一个小遗址中，出土龙泉青瓷109片，而埃及仿龙泉青瓷的陶片则有6917片，两者数量相比将近一比七十。当时埃及模仿中国瓷器设有专门的作坊，如法蒂玛王朝时有一位制陶艺人名叫赛尔径，他不仅烧造了许多宋瓷的仿制品，而且还传授了许多徒弟。十五世纪，有个叫格埃比的专门经营模仿中国瓷器的制陶作坊。埃及模仿青花瓷制成的陶器，陶胎浅灰白色、夹有细沙，器底中心常绘有鱼、束莲、凤鸟或团花图案。埃及的小陶碗常在白泥釉上用蓝色画中国花纹图案，然后上一层透明釉。当时的仿制品多落有工匠的款识，因此使我们知道了许多与格埃比同时代的仿制中国瓷器的制陶工匠。其中有一部分是世代相传的工匠，如格埃比的儿子就继承了父业。这种情况形成了模仿技术的延续性，使积累的经验越来越丰富，技艺也愈益提高，仿制品往往非常成功，甚至可'以假乱真'。虽然如此，两者还是有一个根本的质的区别，那就是中国产的是瓷器，而埃及仿制品是陶器。"[⑨]可见，开罗福斯塔特遗址出土的中国风格的伊斯兰陶瓷和陶片，见证了非洲工匠仿制中国陶瓷的盛况。

实际上，非洲陶瓷文明也给中国陶瓷文明发展带来了新的艺术样态和美学风格。譬如，"在西安的裴娘子墓中出土了黑人陶俑。这些陶俑皮肤黝黑、头发卷曲、额头较宽、嘴唇很厚，具有典型的黑人特征。敦煌壁画中也有黑人形象的出现"[70]。这就是说，唐朝时期，非洲人可能已经来到长安，并把非洲文明带到中国。中国工匠在与他们的交往中，被激发出了"黑陶创作"灵感。或者说，非洲工匠也参与了中国陶瓷的创作，进而出现了黑人陶俑的艺术样态。

▲ 图1-12　陕西礼泉郑仁泰墓出土唐代昆仑人俑

　　早在公元前2500年，埃及人已开始生产与使用玻璃，其制造技术随后被传给罗马人、叙利亚人、腓尼基人等。大约在公元4世纪，埃及的玻璃技术或由中东传入中国。在洛阳、南京等地先后出土的一些具有罗马风格的玻璃制品，包括瓶、杯和珠子，可能是广州工匠仿制的[71]。1954年，广州市横枝岗出土3件玻璃碗，大约属于西汉中期的器物。"其内壁光滑，外壁及口沿打磨呈毛玻璃状，平底，模制成形，碗呈半透明，为紫蓝色。同位素X射线荧光分析结果表明，3件制品均属钠钙玻璃，也应是埃及玻璃制造中心的制品。"[72]1980年，江苏邗江发掘的甘泉二号东汉墓出土了3件玻璃残片。"专家对残片再经定性分析，其紫色部分含有大量硅、钙、钠和相当数量的铝、铁、镁、锰，白色部分含量和紫色相仿，二种颜色都无铅、钡。这一数据和埃及亚历山大里亚各色玻璃含硅量在60%以上，并有大量的钠、钙相仿。"⑦中国出土的这些玻璃及其成分和技术分析显示，非洲玻璃技术文明影响了中国玻璃制造进程。另外，古代中国玻璃制造的地点除了广州、洛阳、南京之外，还有山东的淄川。沈福伟在《中西文化交流史》中记载："淄川所烧玻璃以青帘为贵，办法是以水晶（石英）和回青配方烧炼，可以得到极其艳丽的花绀青（Smalt blue）。此法大概一直传到清代，康熙蓝彩中的宝石蓝由此应运而生，原料也离不了回青和蓝宝石，而这些原料正是来自伊斯兰国家，特别是包括索马里、埃塞俄比亚和苏丹在内的非洲东部地区。"⑦很显然，中国的玻璃制造材料及其技术，来源于伊斯兰国家以及非洲国家。

在战争技术领域，基于中国的火器技术，埃及人发明了分别用于野战、攻城和阵地战的特殊火器。经埃及人改良的火器，又相继传入埃塞俄比亚、摩洛哥等国⑦。

在日常生活领域，源于埃及的"胡床"（折叠椅子）在东汉末年传入中国。当时的汉灵帝酷好"胡俗"，致使"胡床"在京都洛阳非常流行。《三国志·武帝纪》也记载，曹操戎马倥偬，常有"胡床"相伴左右⑦。胡床给中国人的生活方式带来变革，尤其是"胡床的引进造成汉人坐姿的变化，这是由席地跪坐转变为垂脚高坐的开始。汉人由跪坐改为垂脚高坐，推动中国传统礼教文化在行为举止和居室起居方面发生变化……外来器物的输入促进了国人日常用具的革新和发展"⑦。显然，源于非洲的胡床推动了中国礼教文明的发展。

在纺织技术领域，中国丝绸被输入东非、北非以及南非等地。阿拉伯史学家艾卜达·菲塔记载，14世纪中国使节访问埃及，向当时马穆鲁克王朝的素丹赠送了700匹织锦⑦。考古学家在埃及卡乌发现了公元4世纪的中国丝织品，在苏丹北部发现了公元5世纪的古埃及的亚麻残片和棉布碎片⑦。他们用"立机"制成轻纱（即汉代的"杂色绫"），但受限于提花机技术而无法织造出精美图案。不过，在3—7世纪，中国的提花机技术传入埃及⑧，丝织机因装上中国发明的踏蹑，从而推动了埃及丝织技术的发展。

5. 中葡文明互鉴

葡萄牙人对中国形象的想象性建构或是丝路物的交往的推进，抑或是丝路交往进程的结果，但这不是丝路交往进程的"终点"。丝路因交往而让彼此发生对话与想象，更重要的是，在丝路交往中产生了丝路文明的互鉴。

在全球范围内，工匠的流动与交往是中西文明互鉴的推动力。1522年，葡萄牙人科蒂尼奥（Martin Afonso de Melo Countinto）受命来到澳门，准备按照葡萄牙的城市城堡结构在澳门修建"城堡体系"，以便巩固葡萄牙人在澳门的统治。大约在明朝末年，澳门的城堡体系初步建成。据《澳门记略》（1751年）之"插图"[61]所载，"此时的城堡体系已分别建有西望洋、娘妈角、南环、伽思兰、东望洋和大三巴六座炮台，以及连接炮台的城墙；在城墙上，分别开有大三巴、小三巴、沙梨头和花三庙四道城门"[62]。显然，葡萄牙工匠为中国的城堡建设领域带来了他们的建筑知识。

同样，中国工匠也在葡萄牙生活，并带去中国的技术文明。明代学者严从简在《殊域周咨录》卷九"佛郎机"条中记载了中国工匠杨三、戴明等人在中葡造船、铸铳、制火药等技术文化交流史中所发挥的作用[63]。

瓷器文明是中华文明的标识物，也是丝路交往中文明互鉴的重要对象。在葡萄牙中部城市科英布拉旧圣克拉拉修道院遗址发掘的"修女的瓷器"，已然昭示葡萄牙宗教文明吸收了中国瓷器文明。"最初是波斯、印度和东南亚，从16世纪起，模仿葡萄牙造型，自从十三行在广州立足以后，模仿英国（1715）、法国、荷兰（1720）、丹麦、瑞典（1730）和美国（1784）。欧洲的影响在造型和装饰图案上变得更加明显。"[64]现美国纽约大都会博物馆的藏品中就有一件葡萄牙人定制的带有葡萄牙王徽章的青花花浇。另外，葡萄牙人桑托（Santo）私人收藏和梅德罗斯·阿尔梅达基金会收藏有3件执壶瓷，这些执壶"绘有葡萄牙王唐·曼努埃尔一世盾牌和浑天仪徽章，所绘图案显然仿自葡萄牙钱币图案"[65]。这3件执壶中，一件的底款为"正德年造"，另外两件为"宣德年造"。葡萄牙人定制的含有"纹章盾徽的图案或姓名字母缩写"的陶瓷，又称"纹章瓷"，是中西陶瓷文明交往与互鉴中诞生的"新儿"。在乾隆朝初期，"为了顺应欧洲人的艺术表现手法……'满大人'纹饰不再单纯模仿西方油画、版画、雕刻等表现形式，而将传统国画技法与西洋画定点透视、明暗效果等融会贯通。例如乾隆锦地开光'满大人'花鸟盖罐，放弃了中国传统瓷器以线为主的描绘方法，采用没骨法渲染，先染色后写面，用粗阔的笔势表现出衣服折叠的形态，凹凸分明，立体感强"[66]。乾隆朝中后期，广彩瓷"满大人"纹饰受欧洲古典画派的影响，偏向于用复色及厚料平涂晕染，色彩层次感和跳跃感明显。

▲ 图 1-13 清雍正广彩纹章瓷盘

1556 年，首位葡萄牙传教士克鲁兹（Gaspar da Cruz，1520—1570 年）来到中国内地广州，后将其与中华帝国的贸易以及对中国的仰慕与崇拜之情，写在他的著作《中国概说》里。该书也被称为"第一部在欧洲出版的有关中国的专著"[87]。他心目中的中国"物产丰富，黄金、宝石等贵重物品很多"[88]。克鲁兹很欣赏中国的工匠和工艺品，盛赞中国的"秤"很准，瓷器很精美，还说中国人原本不会做面包，做面包的技术是跟葡萄牙人学的，做得很棒。

葡萄牙传教士带来的望远镜等西洋奇器，对西方技术在中国的传播也作出了贡献。譬如葡萄牙传教士安文思（Gabriel Magallaens，?—1677 年）曾奉张献忠之命，为他制造天体仪、地球仪和平面日晷[89]。张献忠也向安文思"询西学"和"问算学"[90]，安文思向张献忠"详明地体浑圆之理"[91]。另外，安文思手艺精巧，善做西洋奇器，一日有机会就制作钟表等机械物件进献顺治帝，并向康熙帝进献过自鸣钟。这种自鸣钟"每小时自鸣一次，钟鸣后继以乐声，每时乐声不同，乐止后继以枪声，远处可闻"[92]。毋庸置疑，安文思及其著述《张献忠纪》促进了中西的技术文化交往。

简言之，中国与葡萄牙之间的文明互鉴意味着丝路交往中的物质性和社会性发生了耦合的作用，体现出丝路物的交往在推动全球文明发展中发挥了重要作用。

6. 中伊文明互鉴

在丝路上，陶瓷文明从来就不是静止的，它在不停地流动与传播。英国人劳伦斯·比尼恩说："请看看《毕德培寓言》的一幅插图：一只猴子正把一颗无花果掷向乌龟；然后再看看同一则寓言的另一幅插图。树正在成长，风在树叶间穿行。在这里，我们接触到某种与陈腐的希腊格套截然不同的东西；我们感到那来自成熟、巧妙的中国艺术的气息。"⑧ 很显然，"中国气息"的艺术对波斯人的影响非"陈腐的希腊格套"，而是新颖的、具有活力的、成熟的东方艺术气息。所以，中国和波斯的文明互鉴不仅仅表现在技术文明层面，还表现在艺术精神和美学精神层面，即中国和波斯的技术物的文明深刻影响了彼此精神文明的发展。

在公元 5 世纪的吐鲁番文书的"购物账"中就有来自波斯的锦缎，中国人称之为"波斯锦"⑭。《隋书·何稠传》又载："波斯尝献金绵锦袍，组织殊丽，上命稠为之。稠锦既成，逾所献者，上甚悦。"⑮ 这说明，唐以前，中国和波斯围绕"波斯锦"的外交往来已是事实，并影响了中国后期的织锦技术。譬如日本正仓院收藏的"唐锦"和隋唐墓葬出土的萨珊朝锦均有波斯锦风格。1419 年，帖木儿之子沙哈鲁派"访问团"出使明朝，随行的宫廷画家盖耶速丁（Ghiyāth al-Din Naqqāsh）采用"日记体"记录了他对中国工艺的"他者印象"，包括明朝皇家匠作、明朝宫廷绘画等。后来，经过帖木儿帝国宫廷画家的研究，最终形成波斯著名画派"赫拉特画派"。该画派将中国元素运用于书籍装帧、宫廷地毯等领域，尤其对中国的龙凤、龟鹤、麒麟以及云纹、花草纹、莲花纹等的使用较为普遍。

1232 年，"在波斯由 Mnhamamad al-Anfi 编辑之轶事集 Fami al-Hikayat 中，曾提到水手们以磁石摩擦一块鱼状的铁寻找方向之事"⑯。这里的"磁石"或为来自中国的海航"指南针"。北宋初年，燕肃（961—1040 年）在《海潮论》中记载，在宋代不仅有"指南车"，还有海航"指南针"。先进的航海司南装置是宋代科学技术进步的标志性仪器，也是宋代航海技术发明及其远洋能力的象征。这种司南仪器后经阿拉伯、波斯传至欧洲国家，给西方航海事业带来革命性影响。

751 年，唐将高仙芝在怛罗斯战败。阿拉伯史料记载，在怛罗斯被俘的中国士兵中有造纸匠，大食人利用汉军工匠在撒马尔罕造纸，他们把造纸法传入中亚，并由此传到大马士革和巴格达。中国造纸工匠向西亚的流动，也带去了中国的造纸技术。中国造纸技术的西传为世界文明的发展提供了强有力的支撑，加速了欧洲文明的发展和文化事业的进步。显然，中国和波斯的丝路交往为两国的工匠文明交往提供了基础与平台，尤其是中国和波斯的技术文明在丝路交往中实现了互鉴，在互鉴中走向新的发展。

概言之，丝路物的交往是全球物的传播的内在驱动力。在丝路物的交往过程中，文化物、习俗物和技术物在传播中实现了自身的功能与价值，物也反哺了传播的意义。物的文化艺术与美学的双重诱惑，必然会激发人们对物的习俗性使用与技术创新的动力。可见，"物的传播"是再生产的动力，也是生产力发展的动力。

注　释

① 阿芒·马特拉.全球传播的起源［M］.朱振明，译.北京：清华大学出版社，2015：扉页.

② 参见 Haas R B， Crossman C L. The China Trade：Export Paintings，Furniture， Silver & Other Objects ［J］. The American Historical Review，1974，79（03）：840—841.

③ 中共中央马克思恩格斯列宁斯大林著作编译局.马克思恩格斯选集：第1卷［M］.北京：人民出版社，1995：68—100.

④ 张星烺.中西交通史料汇编：第1册［M］.北京：中华书局，2003：464.

⑤ 木宫泰彦.日中文化交流史［M］.胡锡年，译.北京：商务印书馆，1980：698—701.

⑥ 参见 Bridenbaugh C. The colonial craftsman ［M］. New York University Press， 1950.

⑦ 潘天波.18世纪海上丝路漆器的展开：以溢入法国为视点［J］.民族艺术，2016（03）：82—86 +130.

⑧ 譬如意大利传教士罗明坚（Michele Ruggieri， 1543—1607）。1579年7月，传教士罗明坚到达澳门。作为范礼安（Alexandre Valignani，1538—1606）的支撑者，他遵照范氏对来华传教士的规定，开始学习汉学以及汉礼风俗。1581年，罗明坚曾三次随葡萄牙商人进入广州，广州海道认为他"是一位有中国文学修养的神父及老师"（转引自：张西平.中国与欧洲早期宗教和哲学交流史［M］.北京：东方出版社，2001：226。）1583年，罗明坚又一次来广州，这次带来一个西洋大型钟作为见面礼赠送给时任两广总督陈瑞，随后便居住在肇庆天宁寺，开始传教。他是最早把西洋钟表带到中国的人。另外，他还首次将西方"彩绘圣像画"的油画携带到中国内地。这些"彩绘圣像画"是西方宗教油画，使中国艺术家开始认识和了解西方的油画。

⑨ Frank C. Objectifying China, Imagining America：Chinese Commodities in Early America ［M］. Chicago：University of Chicago Press, 2011：3.

⑩ 沙丁，杨典求，焦震衡，等.中国和拉丁美洲关系简史［M］.郑州：

河南人民出版社，1986：27.

⑪ 沙丁，杨典求，焦震衡，等 . 中国和拉丁美洲关系简史［M］. 郑州：河南人民出版社，1986：28—29.

⑫ 转引自：王翔 . 晚清丝绸业史（上）［M］. 上海：上海人民出版社，2017：105.

⑬ 石田干之助 . 长安之春［M］. 钱婉约，译 . 北京：清华大学出版社，2015：209.

⑭ 马树德 . 中外文化交流史［M］. 北京：北京语言大学出版社，2000：250.

⑮ 石田干之助 . 长安之春［M］. 钱婉约，译 . 北京：清华大学出版社，2015：209.

⑯ 它们分别是黑漆象牙嵌人物方盒（长 15.9 厘米，宽 15.9 厘米，高 8.5 厘米）、螺钿带盖卷筒（长 33.5 厘米，径 6.6 厘米）、螺钿人物长方盒（大盒宽 40 厘米，高 30 厘米，高 10.3 厘米；小盒宽 25 厘米，高 21.3 厘米，高 6.2 厘米）、螺钿花鸟长方盒（长 39.5 厘米，宽 28.5 厘米，高 9.5 厘米）、黑漆草虫八角托盘（高 5.8 厘米，径 48 厘米）、嘉靖漆雕方斗（长 31.5 厘米，宽 31.5 厘米，高 16.5 厘米）和款彩楼阁人物屏风。

⑰ 漆德三 . 陶瓷与博物馆［M］. 南昌：江西高校出版社，2017：160.

⑱〔清〕魏源 . 海国图志［M］. 李巨澜，评注 . 郑州：中州古籍出版社，1999：326.

⑲ 张飞龙 . 中国髹漆工艺与漆器保护［M］. 北京：科学出版社，2010：174.

⑳ Schilling M R Khanjian H, Chang J, et al. Chinese lacquer： Much more than Chinese lacquer［J］. Studies in Conservation，2014，59：S132.

㉑ Freeman-Grenville G S P. *The medieval history of the coast of Tanganyika*（《中世纪坦噶尼喀沿岸史》）［M］. London:Oxford University Press，1962：222.

㉒ 马文宽，孟凡人 . 中国古瓷在非洲的发现［M］. 北京：紫禁城出版社，1987：37.

㉓ 赵嘉斌，朱滨，孟原召，等 . 2010 年度中肯合作肯尼亚沿海水下考古调查主要收获［J］. 中国国家博物馆馆刊，2012（08）：90.

㉔ 王冠宇.葡萄牙旧圣克拉拉修道院遗址出土十六世纪中国瓷器［J］.考古与文物，2016（06）：133.

㉕ 王冠宇.葡萄牙旧圣克拉拉修道院遗址出土十六世纪中国瓷器［J］.考古与文物，2016（06）：135.

㉖ 张云.上古西藏与波斯文明：增订本［M］.北京：中国藏学出版社，2017：50。

㉗ 张云.上古西藏与波斯文明：增订本［M］.北京：中国藏学出版社，2017：264。

㉘ 王敏.中国传统建筑瓦当装饰中的"连珠纹"及其流变考［J］.艺术百家，2018（04）：147—151.

㉙ 许新国.连珠纹与哈日赛沟吐谷浑古墓发掘［J］.青海民族大学学报（社会科学版），2011，37（04）：89—91.

㉚ 谢涛，谢静.敦煌图像服饰上的联珠纹初探［J］.敦煌学辑刊，2016（02）：146—155.

㉛ 荣新江.略谈徐显秀墓壁画的菩萨联珠纹［J］.文物春秋，2003(10)：66—68.

㉜ 叶喆民.中国陶瓷史：增订版［M］.北京：生活·读书·新知三联书店，2011：171.

㉝ 夏鼐.近年中国出土的萨珊朝文物［J］.考古，1978（02）：113—114.

㉞ 罗丰，郑克祥，耿志强.宁夏固原隋史射勿墓发掘简报［J］.文物，1992（10）：20.

㉟ 〔汉〕班固，撰，〔唐〕颜师古，注.汉书［M］.北京：中华书局，1962：3889.

㊱ 陈学爱.广东遂溪县发现南朝窖藏金银器［J］.考古，1986（03）：246.

㊲ 戈尔茨坦.费城与中国贸易，1682—1846年——商业、文化及态度的作用［M］//中外关系史学会，复旦大学历史系.中外关系史译丛（第四辑）.上海：上海译文出版社，1988：250—251.

㊳ 房龙.房龙地理（下）［M］.杨禾，编译.北京：金盾出版社，2014：72.

㊴ 何慧．中美关系史研究的新视角——评《中国器物与美国镜像》［J］．世界历史，2014，（05）：142—143.

㊵ 夏东元．晚清洋务运动研究［M］．成都：四川人民出版社，1985：225.

㊶ 王扬宗．江南制造局翻译书目新考［J］．中国科技史料，1995（02）：11.

㊷ 熊月之．西学东渐与晚清社会：修订版［M］．北京：中国人民大学出版社，2011：406.

㊸ 沙丁，杨典求，焦震衡，等．中国和拉丁美洲关系简史［M］．郑州：河南人民出版社，1986：104—105.

㊹ 威尔逊．拉丁美洲的东亚移民［J］．万红，译．世界民族，2005（05）：57—58.

㊺ 沙丁，杨典求，焦震衡，等．中国和拉丁美洲关系简史［M］．郑州：河南人民出版社，1986：107.

㊻〔清〕张荫桓．张荫桓日记［M］．任青，马忠文，整理．上海：上海书店出版社，2004：231.

㊼ 周世秀．澳门在中华文明远播拉美中的重要作用［J］．拉丁美洲研究，1999（06）：4.

㊽ 沙丁，杨典求，焦震衡，等．中国和拉丁美洲关系简史［M］．郑州：河南人民出版社，1986：111.

㊾ 刘文龙．拉丁美洲文化概论［M］．上海：复旦大学出版社，1996：45.

㊿ 沙丁，杨典求，焦震衡，等．中国和拉丁美洲关系简史［M］．郑州：河南人民出版社，1986：69.

(51) 沙丁，杨典求，焦震衡，等．中国和拉丁美洲关系简史［M］．郑州：河南人民出版社，1986：92.

(52)〔明〕萧基．小引［M］//〔明〕张燮．东西洋考．谢方点校．北京：中华书局，1981：15.

(53) 清乾隆廿七年修，光绪五年补刊《龙溪县志》卷十“风信”第 3 页。

(54) 中共中央马克思恩格斯列宁斯大林著作编译局．马克思恩格斯选集：第 1 卷［M］．北京：人民出版社，1995：107.

(55) 李云泉 . 中西文化关系史［M］. 济南：泰山出版社，1997：241.

(56) 豪 . 哈贝马斯［M］. 陈志刚，译 . 北京：中华书局，2002：30.

(57) 利奇温 . 十八世纪中国与欧洲文化的接触［M］. 朱杰勤，译 . 北京：商务印书馆，1962：27.

(58) 张国刚 . 胡天汉月映西洋：丝路沧桑三千年［M］. 北京：生活 · 读书 · 新知三联书店，2019：291.

(59) 佩雷菲特 . 停滞的帝国——两个世界的撞击［M］. 王国卿，等译 . 北京：生活 · 读书 · 新知三联书店，1993：623.

(60) 哈克尼 . 西洋美术所受中国之影响［M］// 朱杰勤，译 . 中外关系史译丛 . 北京：海洋出版社，1984：136.

(61) Dauterman C C. Dream–Pictures of Cathay： Chinoiserie on Restoration Silver［J］. The Metropolitan Museum of Art Bulletin， 1964，23（01）：16.

(62) May M G. "CHINOISERIE." English 2.8（1938）： 98—99.

(63) Cescinsky H. Lacquer Work in England-II. English Lacquer［J］. *The Burlington Magazine for Connoisseurs*， 1911,19（102）： 337.

(64) 赫德逊 . 欧洲与中国［M］. 李申，王遵仲，张毅，译 . 台北：台湾古籍出版有限公司， 2003：220.

(65) 哈克尼 . 西洋美术所受中国之影响［M］// 朱杰勤，译 . 中外关系史译丛 . 北京：海洋出版社，1984：137.

(66) 华惠 . 名垂青史——郑和［M］. 沈阳：辽宁人民出版社，2017：107.

(67) 华惠 . 名垂青史——郑和［M］. 沈阳：辽宁人民出版社，2017：108.

(68) 朱凡 . 中国文物在非洲的发现［J］. 西亚非洲，1986（04）：59.

(69) 马文宽，孟凡人 . 中国古瓷在非洲的发现［M］. 北京：紫禁城出版社，1987：57.

(70) 刘鸿武，暴明莹 . 东非斯瓦希里文化研究［M］. 杭州：浙江人民出版社，2014：126.

(71) 沈福伟 . 中国和非洲国家最早建立的外交关系［J］. 海交史研究，1984（06）：20.

(72) 马建春，夏灿 . 古代西域玻璃器物及工艺的输入与影响［J］. 回族研究，2011，21（01）：47。

(73) 马建春，夏灿 . 古代西域玻璃器物及工艺的输入与影响［J］. 回族研究，2011，21（01）：47。

⑭ 沈福伟．中西文化交流史［M］．上海：上海人民出版社，2014：284.

⑮ 张瑞．中国宋代与非洲的交往［M］//袁雍．情满中非．杭州：西泠印社出版社，2018：22.

⑯〔晋〕陈寿；〔宋〕裴松之，注．三国志［M］．吴金华，点校．岳麓书社，2002：24.

⑰ 石云涛．域外器物的输入与中古社会［J］．中国高校社会科学，2018（06）：96—97.

⑱ 王华．非洲古代纺织业与中非丝绸贸易［J］．丝绸，2008（09）：49.

⑲ Robinson S. A History of Printed Textiles［M］. London： Studio Vista，1969：78—79.

⑳ 夏鼐．新疆新发现的古代丝织品——绮、绵和刺绣［J］．考古学报，1963（01）：65.

㉑〔清〕印光任，张汝霖．澳门记略［M］．赵春晨，点校．广州：广东高等教育出版社，1988：108—111.

㉒ 罗晓京．试析1846年以前葡萄牙管理澳门的历史特点［J］．广东社会科学，1998（02）：92.

㉓ 广东省东莞市虎门镇志编纂委员会．虎门镇志［M］．北京：方志出版社，2016：335.

㉔ 金国平，吴志良．流散于葡萄牙的中国明清瓷器［J］．故宫博物院院刊，2006（03）：99—100.

㉕ 林梅村．观沧海：大航海时代诸文明的冲突与交流［M］．上海：上海古籍出版社，2018：92.

㉖ 黄芳芳．清代广彩瓷"满大人"纹饰定制化特征研究［J］．装饰，2017（07）：84.

㉗ Loureiro R M. Um Tratado sobre o Reino da China［M］. Macau： Instituto Cultural de Macau，1992：23.

㉘ Frei Gaspard da Cruz. *Tractado das Cousas da China e de Ormuz*, p.XIV，47，Portucalense Editora，Barcelos，1937，p.13.

㉙ 古洛东．圣教入川记［M］．成都：四川人民出版社，1981：23.

㉚ 古洛东．圣教入川记［M］．成都：四川人民出版社，1981：22.

㉑古洛东.圣教入川记［M］.成都：四川人民出版社，1981：33.

㉒费赖之.在华耶稣会士列传及书目［M］.冯承钧，译.北京：中华书局，1995：257.

㉓劳伦斯·比尼恩.亚洲艺术中人的精神［M］.孙乃修，译.沈阳：辽宁人民出版社，1988：77.

㉔宿白.中国境内发现的中亚与西亚遗物［M］//中国大百科全书总编辑委员会《考古学》编辑委员会，中国大百科全书出版社编辑部.中国大百科全书·考古学.北京：中国大百科全书出版社，1986：679.

㉕郭超，主编.四库全书精华：史部：第3卷［M］.北京：中国文史出版社，1998：2212.

㉖李晋江.指南针、印刷术从海路向外西传初探［J］.福建论坛（人文社会科学版），1992（06）：65.

第二章

-

攫取与重组：
流向欧洲的华物

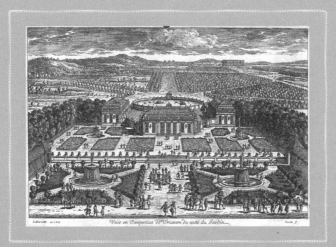

在全球史视角下，丝路已然缔造了一个全球物流、全球经济和全球联系的网络。欧洲借助丝路贸易、殖民扩张、战争掠夺等途径攫取大量的东方华物资源组合，在华物易位中将其思想、制度和技术源源不断地传播至欧洲。欧洲对来自东方的华物资源组合通过外化、内生、革新等多种机制进行吸纳与创生，展示了华物在欧洲崛起过程中的资源组合功能与传播价值。揭示流向欧洲之华物资源攫取途径和组合机制，有益于回应欧洲文明中心主义的偏见，重构中华文明的世界地位与身份，对当代"一带一路"倡议的推进极具启迪意义。

在公元前 130 年左右，中国已经缔造与织就了全球经济和全球交往网，以张骞开凿的丝绸之路最为典型，它打通了中国通往世界的交往要道，与其他国家和地区相连通。丝路极大地促进了全球资源配置和组合，尤其加速了欧洲社会和欧洲资源的重组进程。以第一个千年时代（公元 650—1000 年）的伊斯兰阿拉伯和北非文明为中间交往纽带，亚洲文明和欧洲文明据此开始了前所未有的接触、交往与对话，使得西方的全球化迅速地走向思想、制度和技术的交融与互鉴。①但至 13 世纪蒙古帝国向西方扩张与进军之后，东方的全球化步伐迅速地冲击了欧洲的宗教神权文明，并最终启蒙了欧洲的人性主义（14—15 世纪）和理性主义（17—18 世纪），为欧洲的崛起扫清了宗教和思想层面的障碍。约翰·霍布森（John Hobson）在《西方文明的东方起源》中认为："东方（公元 500 年至 1800 年之间比西方更先进）在促进近代西方文明的崛起方面发挥了至关重要的作用。"②同时，他进一步指出："东方通过两个主要步骤促进了西方的崛起：传播／吸收和掠夺。"③也就是说，西方社会的崛起源自对东方资源的吸收与掠夺，其中吸收东方资源的途径主要通过东方资源的传播，即"更为先进的东方'资源组合'（resource portfolios）（如东方的思想、制度和技术），通过我称之为东方全球化的途径传播到西方，然后被其吸收。"④换言之，西方帝国主义攫取东方资源（尤其是中国资源），主要表现在思想、制度、技术等层面。然而，与其说是攫取东方的"资源组合"，不如说是攫取东方"物的组合"，尤其是"中国物的组合"，进而为自己的资源组合与发展服务，因为东方的思想、制度和技术在物本身的表现上更具有潜在性的再现、传达与内涵。这大致表现在以下三点。

第一，物的思想决定意识思想，意识思想反作用于物的思想表达。东方之物在自然思想、人文审美和理性伦理上具有先天的哲学内涵，展现出物的思想性及其外在形式的美学表达。譬如，中国瓷器是泥与火的艺术，瓷器上所具有的科学、艺术和人文思想对5—15世纪还处在神权社会的欧洲人来说，是神奇的艺术。当马可·波罗（Marco Polo，约1254—1324年）第一次将陶瓷艺术介绍到欧洲时，这些具有人性化的东方之物对西方的神权思想无疑具有很大的冲击力，或唤醒了处于神权统治下的人性与人权，特别是对于诱发人文思想和理性思想的文艺复兴和启蒙运动具有潜移默化的催化作用。西方的很多哲学家、思想家、法学家等从东方之物中获得智慧、思想与法则，进而为自己的哲学思想表达和社会理想蓝图服务。更进一步地说，流向欧洲世界的物或物性已然启蒙了他们的神性和人性，进而为欧洲资源的重组和发展提供了契机与动力。

第二，物的制度反映出工匠制度、农业制度、经济制度、政治制度等其他文化制度。或者说，物的制度是一个民族和国家制度非常直接的载体与表现。物所具有的物权制度、物美制度、物理制度等显然是社会制度的产物；同时，物所具有的思想制度、文化制度、哲学制度等也是特定阶层制度或社会制度的反映。在丝绸之路上，华物的流动及其空间的易位毋庸置疑地展现出华物制度或中华制度的流徙，进而被欧洲国家所借鉴、吸收与创生。譬如，西方的重农制度直接来自中国道家物的制度和自然哲学思想，荷兰的手工业制度多来自亚欧多国的工匠制度，英国的农业制度多有东方中国农业文明的身影，葡萄牙和波斯近乎吸纳亚欧非多国文明的制度而崛起。

第三，物的技术是手艺技术、工业技术和其他科学技术的表征，是工匠或劳动者技术以及一个国家文明的承担者与传达者。华物所体现出来的技术是中华科学技术在物上的具体表现，是中华文明物的表达形态。同样，在古希腊—古罗马时期，技术物被赋予了集体和共有的宇宙之性，基督教文明时代的神物主宰技术物的全部内涵，文艺复兴时期的技术物或变成欧洲人追求人性的私物存在，直至启蒙运动时代的技术物被赋予理性的光环，为欧洲的工业革命技术物（或为资本物）生产提供了哲学基础。然而，在这期间，欧洲技术物的每次出场与发展，离不开来自东方技术物的启迪与刺激。或者说，华物为启蒙欧洲思想、开拓欧洲市场、重组欧洲资源以及推进欧洲技术的发展提供了动力源。

毋庸置疑，霍布森东方资源组合中较为突出的华物资源组合在思想资源、制度资源和技术资源层面具有优势的身份，抑或说，华物资源组合在欧洲兴起与发展的过程中发挥的作用是显赫的。任何无视或忽视华物在欧洲的贡献以及在全球交往中发挥的作用的观点都是狭隘的、短视的。为此，在接下来的讨论中，笔者拟以"资源组合论"为阐释的方法和进路，较为详细地阐释欧洲商业贸易、殖民攫取和战略掠夺华物资源，揭示出中国化欧洲"物的组合"方式或机制，进而揭示出欧洲崛起的中国化资源的组合逻辑与历史要义，从而回应欧洲文明中心主义的偏见⑤，重构中华文明的世界地位与身份。

一、攫取华物：贸易、殖民与战争

在公元 500—1800 年间，中国始终处于东方全球化的中心。在丝路交往中，中外物质交往逐渐向欧洲延伸，华物的资源组合又在丝路交往的时空转换中得以传播，并被欧洲国家大量地攫取与获得。总体而言，丝路贸易、殖民扩张和战略掠夺是欧洲攫取华物资源组合的主要途径，它们为欧洲崛起提供了外生性的动力支持。

1. 丝路贸易

马可·波罗的游记为欧洲打开全球贸易做了心理准备，而哥伦布的地理大发现为欧洲殖民扩张直接提供了行动上的可能。葡萄牙、英国、荷兰等欧洲殖民帝国开始在殖民扩张中与东方进行丝路贸易，进而攫取大量的东方中国的资源组合。于是，海外通商成为 15 世纪欧洲各国很受鼓励的贸易活动，开拓海上贸易据点和远东贸易市场成为欧洲殖民国家的重要战略。或者说，地理大发现与欧洲殖民扩张扩大了全球各国文化交流与资源交换的范围，也加速了欧洲对东方资源组合攫取与掠夺的步伐。此时，丝路俨然为欧洲殖民扩张与资源攫取提供了平台支撑，欧洲通过丝路向东方中国攫取思想、制度和技术，特别是来自中国的各种物（含物料、物品等）的资源。

随着 18 世纪法国启蒙主义时代的到来以及工业革命的兴起，法国社会城市与农村立即进入发展的快车道，法国资本主义工商业势力也迅速抬头，终于在 17 世纪殖民扩张的基础上迎来辉煌的路易十五时代，即法国经济社

▲ 图 2-1　14 世纪加泰罗尼亚地图集中的马可·波罗

会发展的高潮时代。法国经济的繁荣与财富的积累，为法国贵族消费奢华器物提供了强有力的财力支撑。从 1660 年开始，法国成立了便利中法贸易开展的"中国公司"，1700 年又组建了第二个"中国公司"，1712 年改组成立了"对华贸易王国公司"，先后派出 3 艘商船来华进行海上贸易[⑥]。大量的中国漆器、瓷器被运往法国，在家庭装饰有中国这一异域之情调的"中国室"已成为当时的一种生活时尚与美学追求。中国和法国的丝路贸易成为法国社会发展的重要组成部分。

2. 殖民扩张

海外探险与殖民扩张是欧洲帝国早期与世界交往的主要形式，并成为欧洲攫取东方资源组合的首要手段。海外探险是为了获取更多的物质资源或生产资料，也加剧了殖民扩张的野心与步伐。因此，对于欧洲来说，与其说是丝路交往，还不如说是海外掠夺与殖民扩张。

15世纪左右，葡萄牙帝国利用世界各大文明成果发展成一个海洋性帝国。他们积极地发展海洋事业，展示出一个向海而生的海外战略目标。葡萄牙人通过贿赂、战争、走私、宗教、贸易、殖民等多种手段，建立了海外通商口岸和殖民中转站，进而开辟了大航海贸易航线，实现对世界的扩张欲望或侵略野心。

16世纪初，葡萄牙是第一个来到中国贩卖中国陶瓷的国家。西班牙、荷兰紧随其后，也抵达中国。中国与世界的殖民交往开始频繁起来。或者说，葡萄牙、西班牙等欧洲殖民帝国开始在扩张中与东方进行频繁的海上丝路贸易，中国货物不断地走向欧洲民众。为了获得更多的利润，葡萄牙人不断地在东非、印度、中国、日本、巴西等拓展殖民地，开辟全球贸易体系。勇敢而积极的海外探险精神，为葡萄牙的殖民扩张提供了内在的精神动力，而殖民扩张也为葡萄牙的丝路交往提供了进一步发展的可能。在航海技术和贸易诱惑的助力下，葡萄牙带领欧洲走上了殖民扩张之路，已然成为大航海时代开辟全球新航路的领头羊。

▲ 图2-2　葡萄牙里斯本古代艺术博物馆藏17世纪中国风瓷器

1664 年，为了监管非洲、印度以及印度洋其他岛国的贸易，法国设立法属东印度公司。1685 年，路易十四与清廷开始交往。在乾隆八年至二十一年间（1743—1756 年），法国商船来华贸易极其自由与频繁，中国大量的奢华漆器、瓷器被运往法国宫廷并进入普通法国人的生活空间。18 世纪，法国借助东印度公司的殖民贸易与中国保持了非常密切的联系，他们的驻广州代表对中国内地的商业贸易情况了如指掌。法国人贡斯当（Charles de Constant）在《中国 18 世纪广州对外贸易回忆录》中写道："法国驻穗的官方代表必须与东印度各部分的公司保持通讯联系，向他们通报年度变化的梗概、销售价格及随后运输的投机价格。他必须尽最大可能地了解中国进口商品的年消费量……广州的买家必须了解整个中国：中国的国内贸易、奢侈消费品、生活必需品、丰年与歉年、出口商品与食品、发生了饿荒的省份、灾荒具有普遍性还是仅袭击了该帝国的部分地区。"[⑦] 贡斯当的回忆录不仅再现了法国人在广州对外贸易中的地位，还反映了当时法国人投资东印度公司的一些细节，再现了法国殖民者在中国、印度、东南亚等开展殖民贸易的经济及政治野心。

殖民扩张作为丝路交往的一种样态或路径，虽促进了中外国家物质文化的交往，但过程中也存在支配和剥夺的不平等性，给包括中国工匠在内的中国民众带来很大痛苦，给中外交往平添一层不光彩的历史阴影。

3. 战争掠夺

战争是华物流徙欧洲非常野蛮的途径。"葡萄牙乘时而起，霸海为雄，1510 年（正德五年），攻陷印度西岸之卧亚府（Goa）为根据地。次年，又攻取马六甲（Malacca），经略南洋之苏门答腊及爪哇，复遣使至印度、中国各邦政府以通好。1514 年（正德九年），满剌加新任总督阿布金基（Jorge De Albuquerqac）遣阿尔发累斯（Jorge Alvares）东来，至广东之舵尾岛（Tamao），并于此立一石碑，以为发现之标志。自是以后，葡人来华贸易者甚众，终明之世，未尝有变，我国亦宽假之，彼等复租得澳门为根据地，岁纳租金若干，寻复拒纳，久假不归，乌知非其有也。"[⑧] 葡萄牙人用近乎战争侵略的方式攫取中国资源。

在近代，八国联军攻占北京后，大量的国宝被海外强行掳走，这其中有漆器等贵重物品。德国军人瓦德西（Alfred von Waldersee，1832—

▲ 图 2-3　圆明园大水法遗迹

1904 年）在他的回忆录里这样写道："此间买卖当时抢劫所得各物之贸易，极为隆盛。各处商人，尤其是来自美国者，早已到此经营，获得巨利。其出售之物，以古铜、各代瓷器、玉石为最多，其次则为丝货、绣货、皮货、铜瓶、红漆物品之类。至于金银物品，则不多见。最可叹者，许多贵重物件横遭毁坏，其中常有无价之木质雕刻在内。只有余之驻所，尚藏许多宝物，一切犹系无恙。倘若我们一旦撤出，则势将落于中国匪徒之手，最后当然加以焚毁。"⑨ 瓦德西庚子回忆日记对横遭毁坏的华物表示异常惋惜，也反映了西方强盗无视文明的野蛮行径。八国联军对华物的毁坏是对中国文化的毁灭，也是对世界文明的摧残。

二、中国化欧洲的资源重组：外化、内生与革新

　　没有东方中国的资源组合，西方的崛起与发展是无法想象的。约翰·霍布森认为："东方在公元 500 年后积极创造并维持着全球经济……两种相

互联系的观点——一方面是东方的作用和对先进的东方'资源组合'通过东方全球化的吸收,另一方面是欧洲的动力／身份以及对东方资源的攫取,这两者的融合就构成了东方化西方的兴起这一不为人知的历史发现。"⑩那么,欧洲吸收了东方华物的资源组合之后,又是如何进行资源重组的呢?概括起来说,华物的易位在欧洲的传播、吸收与重组模式大致有三:外化性模仿、内生性重组和革新性创生。

1. 外化性模仿

外化性模仿是欧洲对华物的形式性文化或审美接纳的生成行为,主要表现在对华物造型、图像及其风格层面的模仿。在丝路交往中,外化性模仿的行为是欧洲接纳与吸收华物资源组合的首要方式,往往来自华物的形式风格、趣味美学和生活功能需要,当然也来自奢华昂贵的白银开支减少的需要。因此,外化性模仿往往出自艺术欣赏、美学好奇、经济压力等外在动力,进而欧洲国家自己开展了模仿性生产。

在风格模仿层面,当奢华的漆器和精美的瓷器通过丝路传入欧洲时,欧洲人便开始仿制生产中国漆器和瓷器,并注重模仿器物的形式美学。17世纪中叶之后,德国开始创办模仿中国瓷器的工厂。德国人易波特格尔(Johann Friedrich Bottger)和恰尔恩豪斯(Ehrenfried Waltervon Tschirnhaus)在萨克森选帝侯腓特烈·奥古斯都一世(1670—1733年)的资助下,于1707—1709年试制成功白色透明的硬质瓷器,并绘制有中国绘画风格的场景。在瓷器生产上,尽管德国工匠追随法国的技术及其风格,但德国的迈森瓷风格具有浓厚的中国画意味。尤其在画家赫罗尔特的主持下,德国瓷器产品充满中国情调与中国美学趣味,多用白底加金色"剪影式"的人物,这对整个欧洲瓷业发展产生了深远影响,更在经济社会层面为德国社会发展提供帮助,这无疑验证了马克思关于"交往与生产力"的理论,即社会交往能创生生产力。18世纪,法国奥古斯都曾让炼金家约翰·弗里德里希·伯特格尔(1682—1719年)和学者瓦尔特·冯·奇思豪思(1651—1708年)仿制中国瓷器。在法国,高级木器工人马丹(Martin)模仿中国漆发明了著名的清漆⑪。同样,18世纪,在意大利宫廷"中国风"开始流行,那里"充满了中国人物瓷塑、马猴等动物瓷塑,地板和天花板用中国瓷板镶嵌，大型瓷器枝形吊灯悬挂中央"[12]。很显然，意大利宫廷的中国风是中国化了的异国风采，反映了意大利人开始模仿中国风格。

在趣味模仿层面，17世纪英国的商船远涉重洋来到中国，专门"贩卖"异国趣味，即获得一种极具审美趣味的华物。英国的齐本德尔根据中国的样品制作家具，也极大地推动了中国风情家具在英国的广泛流行。May，M.G.指出："齐本德尔式家具将中国图案引入他的一些家具、格子靠椅、爪形球旋脚饰桌等，其中嵌金髹漆家具最为时尚，如同中国丝绸与壁纸上的花色。"[13]齐本德尔式家具的中国美学图案装饰表明，装饰文化及其美学趣味的中国文化在早期英国最为流行。18世纪的欧洲对中国的趣味是着迷的。从迷恋中国风情到家私装饰以及园林营造，一股来自东方的"中国风"在英国流行。

在生活模仿层面，对于欧洲人来说，他们的中国风格模仿充满"罗曼蒂克"的艺术意味，俨然成为中国风格的欧洲式样及其生活方式。更具体地说，欧洲"哥特式"的美学理想自然被来自东方的"中国风"所浸润与影响，尽管欧洲的器物之美不及中国。

▲ 图2-4 法国尼辛德卡蒙多博物馆藏18世纪中国风家具

2. 内生性重组

内生性重组是欧洲对华物的民族性改造和资源再构。每一个民族文化都有自己的内生性特质与偏向，当与他者文化相遇时，选择性接纳与吸收是常有的事。所谓内生性重组，即根据自己的审美爱好、文明特质和文化风格对他者的资源进行改造、消费再构和技术产生。伴随欧洲世界攫取华物资源组合的积累，一场庞大的内生性资源重组便开始了。正如大卫·兰德斯（David Landes）指出的，"物质上的进步随即激起并推动了一场庞大的经济、社会、政治和文化变革，后者反过来又对技术发展的速度和进程施加了交互的影响"[14]。实际上，欧洲的工业化进程或为其内生性资源重组使然。

在重组资源准备层面，内生性重组必然首先要获得重组物质资料。譬如英国人试图在加尔各答大规模栽种漆树，以为独立的漆器制作工艺准备物料资源。

在资源消费层面，"定制"往往是内生性重组的有效途径，即通过自己的资源组合让第三方资源再造，进而生产出符合自己审美需求的产品。葡萄牙人定制的含有"纹章盾徽的图案或姓名字母缩写"的陶瓷，又称"纹章瓷"，是中西陶瓷文明交往与互鉴中诞生的"新儿"。

在资源技术层面，获得技术秘方往往是内生性资源重组的重要条件，即通过吸纳他者技术来重组本国的技术生产，进而创生新的产品。从18世纪后期英国人对于中国瓷器与漆器的进口情况看，英国不再以瓷器、漆器等大宗货物为主要贸易对象了，显然暗示这个时期英国人已经成功地仿制中国漆器与瓷器了，或说明英国人已经掌握了漆器与瓷器关键生产技术。

3. 革新性创生

革新性创生是欧洲对华物的扬弃性创新与发展，是对华物资源组合外化性生产和内生性发展的高级阶段，是走向独立自主的产品创新阶段，尤其是在技术、手工、文艺等层面的革命性创生和发展。

在技术革新层面，革新性创生获益于东西方技术传播的深入与扩展。马克思指出："某一个地域创造出来的生产力，特别是发明，在往后的发展中是否会失传，完全取决于交往扩展的情况。"[15]在18世纪法国技术思潮发展的高潮时期，中国大量的科学技术被法国传教士传回法国，为法国的技术革新带来新契机[16]。譬如 1714 年 6 月 26 日，利国安（Jean Laureati, 1666—1727 年）在于福建写回国内的一封信中，介绍了中国的丝绸、酿酒、纺织业、漆器、黄金、铜币等匠作工艺。法国耶稣会士韩国英（Pierre-Martial Cibot, 1727—1780 年）撰写了《说诸物》《说朱砂、水银和灵砂》《说玉》《说琉璃瓦》等匠作研究著作，向欧洲介绍了中国器物及其工艺技术。1734 年 11 月 4 日，法国传教士殷弘绪在于北京写回国内的信中，详细介绍了中国瓷器和藤器的修复方法、室内装饰和古铜器的制作方法、灯芯和蜡烛的制作工艺。"殷弘绪在 18 世纪的欧洲汉学史，尤其是科技史上是一个有分量的人物，他留下了包括著名的景德镇瓷器技术报告在内的大量文稿。论数量，其发表的书信在《耶稣会士书简》中有 13 封，在杜赫德《中华帝国全志》中有 220 页，这在同时代耶稣会士中无人能出其右；论领域，从现代观点来看，他的书信内容可以划分为医学、药学、植物、化学、蚕桑、手工艺（瓷器、造纸、钱币……）以及教育、民俗、白话文学等各个领域。"[17] 殷弘绪本人在江西时期仅有的两篇学术作品都可以说是这种平民路线的产物："1712 年关于景德镇瓷器的报道和 1716 年完成的对黄六鸿撰《福惠全书》（1693 年初刻）'义学'卷的摘译。"[18] 实际上，在 1726 年以后的 10 多年的时间中，殷弘绪在北京放弃了形而上的传教活动，开始对中国工匠文化进行全新的思考。除了考察景德镇的陶瓷技术之外，他对中华技术文化的很多领域展开研究。"殷弘绪的这种兴趣是与同时期科学院的研究重心高度合拍的。强调经世致'用'，提倡以科学为国家经济利益服务，这也是法国科学院自从 1715 年奥尔良公爵摄政以来活动的显著特点。1716—1718 年期间，奥尔良公爵和科学院保护人比尼昂（Jean-Paul Bignon）发起了对法国全境手工业、矿业资源的全面普查（史称'摄政王调研（l'Enquête du Régent）'），采集了大量样本、技术资料及图谱，筹划出版《工艺全志（Description des arts et métiers）》，这一计划时常被看作是狄德罗《百科全书》的前奏。"[19] 由此，殷弘绪的中华技术研究与法国提倡科学服务社会的思潮是不谋而合的，为法国 18 世纪的科学技术思潮提供了契机。

在手工革新层面，17 世纪以来，荷兰人开始革新中国瓷器，代尔夫特（Delft）以盛产"蓝陶"著称。至 1680 年，"代尔夫特总人口 24000 人，有 1000 至 1150 人在陶厂工作，在这当中有 70 余位大师级画家被

30 余家陶厂雇用制作驰名世界的代尔夫特蓝陶"⑳。1720 年，代尔夫特陶器在欧洲的销量已超越中国青花瓷。"从青花瓷到克拉克瓷再到代尔夫特蓝陶，我们不能只看到表面的词语变迁，更应从文化史角度，体认克拉克瓷所充当的海上丝路文化摆渡者的角色。"㉑另外，奢华的清代漆艺对荷兰工匠的影响也是深远的，这主要表现在家私装饰上。譬如荷兰吕伐登总督法院㉒（1694—1696 年）乌木漆板柜的精雕细琢就令人惊叹，山峦、人物、小桥、流水、花草、树木、亭台、楼阁无不尽收画面，并表现出部分工艺技术的革新与创制。可见，陶瓷和漆艺给荷兰人的手工艺生产带来革命性影响，荷兰人也在中国资源组合中走向独立发展或创新阶段。

▲ 图 2-5　简·戴维兹《水果和龙虾静物》中的克拉克瓷

在文艺革新层面，17 世纪欧洲盛行"中国风"，欧洲宫廷以及普通人的生活中处处显示出"中国风"的时尚，并表现出无所不在的文艺革新现象。譬如 17 世纪荷兰的现实主义绘画十分流行，以至于在荷兰人的生活中，"图画成了畅销的商品"㉓。1640—1660 年是荷兰绘画艺术发展的鼎盛时期，艺术家用绘画赞美富庶生活，中国奢华的瓷器俨然成为此时荷兰艺术家表现资产阶级富裕生活的艺术对象。譬如威廉·克莱兹·海达（Willem Claeszoon Heda）擅长以反光效果的瓷器彰显油画的色彩表现力，扬·戴维茨·德·希姆（Jan Davidsz de Heem）喜欢在静物画中描绘青花瓷，威廉·卡夫（Willem Kalf）多在静物画中展现荷兰新兴资产阶级的奢华生活，表达其身份、财富与地位。另外，亚伯拉罕·范·彼扬恩（Abraham van Beyeren）、巴伦德·范·德尔·米尔（Barend van der Meer）等均在他们的作品中描画青花瓷㉔。或者说，中国的青花瓷艺术给荷兰人的绘画艺术提供了新的艺术表现素材。在荷兰，创作出纯粹意义的城市风景画的第一位画家是卡尔·法布里蒂乌斯（Carel Fabritius）。他创作了描绘代尔夫特全景的画作《代尔夫特一景》（现存于伦敦的英国国家美术馆），室内有铺着蓝色（"代尔夫特蓝"）桌布的桌子。法布里蒂乌斯"喜爱用变形透视法和放大的前景《代尔夫特一景》就用到这两者，愿意让背景留白，都透露了来自中国的影响"㉕，可见中国器物文化给荷兰艺术的发展带来新气象与新面貌，由此大大促进了荷兰艺术的发展。中国陶瓷上的绘画不仅进入荷兰人的建筑装饰、城市风景画以及家庭装饰中，还将中国器物文化带入荷兰人的小说、游记、悲剧等文艺作品中。荷兰汉学家高罗佩的小说《柳园图》（*The Willow Pattern*）的主题物即为绘有"柳园图"（Blue Willow）的青花瓷器。

"1596 年，从事跨国贸易的一位荷兰商人和探险家林斯侯顿（Linschoten，1563—1611 年）在阿姆斯特丹出版了《旅行：林斯侯顿在葡属印度的东方远洋航行记》。……16 世纪七八十年代已有数种这类西班牙语书籍，如门多萨（Agustinian frair Juan Goz alez de Mendoza）1585 年在罗马出版的《伟大的中国王国最令人惊叹的事物、礼仪和习俗之历史》，……荷兰 17 世纪最著名的诗人、剧作家冯代尔（Joost van den Vondel，1857—1679 年）于 1667 年创作了悲剧《崇祯，中国君王的毁灭》……荷兰剧作家胡斯（Joh. Antonides van de Goes），亦根据明清易代这一主题，于 1667 创作了《特拉奇尔，中国的覆灭》。"㉖1921 年，贝特格（Bethge，1876—1946 年）的德文中国诗歌译著《中国笛子》被完整地译为荷兰语出版。"1654 年，安特卫普的普兰特恩出版社出版了卫匡国（Martin Martini，1614—1661 年，意大利耶稣会士）的中国游记《鞑靼战争史，包含鞑靼人如何入侵和征服中国》（又译为《鞑靼战纪》）和《中国新图志》，以拉丁文发行"，"1655 年，《中国新图志》作为《环宇大观》的第六卷在荷兰出版"㉗。很显然，中国器物给荷兰文化的发展所带来的影响是多元的，已然渗透到荷兰文艺的诸多方面。

三、丝路侨易现象的本质与意义

在全球史视角下，丝绸之路抑或是一条"侨易之路"。"物的流动"把丝路商旅、传教士、工匠等侨易主体紧密地联系在一起，并通过贸易、宗教、朝贡等多种侨易路径，实现全球丝路物的交往，展现出"丝路侨易"的全球功能与价值。"丝路侨易"不仅带来了丝路民众对器物、帝国和制度的跨文化想象，沟通了全球民众之心，还创生了新的技术、文化与文明，重构了全球民众的生活系统、审美系统、精神系统和伦理系统。

如果没有近代地理学研究先行者李希霍芬"亲身旅行的成果和以之为根据的研究"㉘，并把发现的这条路命名为"丝绸之路"，也会有其他研究者把这条由中国通向全球的路称为"瓷器之路""漆器之路""香料之路"等。丝路的开通为全球文明的流动、对话与互动提供了可能，因此，这也是一条"流动的路""对话的路"和"互动的路"。丝路是中国人民的智慧创举，也是世界民众对人类的贡献。它实现了全球民众"文化的流动"的需要，展示了全球民众文明交往的盛大景观，践行了全球民众人心相通的伟大使命，为全球文化的流动与文明的交往提供了不可替代的平台和路线。那么，如何认识丝路中的文明互动和文明交往现象？或者说，丝路的文明互动和文明交往是否被认为一定是全球丝路文明的全部事实？对此问题的学术评估与考察，有益于全面研究丝路文化交流的全球史实。

在史学研究层面，丝路史属于全球史的研究范畴。这应该是对丝路史研究的基本认知。从 1963 年威廉·麦克尼尔（William Hardy McNeill，1917—2016 年）出版第一部全球史的著作《西方的兴起：人类共同体史》（*The Rise of the West: A History of the Human Community*）㉙以来，"全球史"（global history）观已然成为一种"新世界史"（new world history）观而被全球史学家接纳与评判。该书的独特之处在于："一是强调它们不是民族史、国家史，也非西方文明史，而是整个人类古往今来的世界史；二是强调它们的立足点或视角是全球性的，而非以某一点为中心或参照物；三是都以某种历史观点或理论体系为架构，来对人类的历史进程进行新的分析和归纳，尤其注重诸文明之间的接触和联系。"[30] 书中所倡导的全球史观，或成为一种方法论或史学流派[31]，成为近半个世纪全球史学家津津乐道的讨论对象，并付诸史学耕耘。就丝路史的写作而言，丝路史应当置于全球史的视域，立足全球性的视角，关注全球文明之间的流动、接触与联系，因为丝路史绝非区域史、民族史、国家史，也绝非中国文明史或欧洲文明史，它是全人类的世界史。

在现象层面，丝路史即为全球侨易史的研究范畴。或者说，丝路即为一种全球性的"侨易现象"。所谓"侨易现象"，即为"在质性文化差结构的不同地域（或文明、单元等）之间发生的物质位移，有一定的时间量和其他侨易量作为精神质变的基础条件，并且最后完成了侨易主体本身的精神质变的现象"[32]。很显然，丝路的"物质流动"即为"物质位移"，丝路沿线的不同文明主体在物质位移中产生精神质变是普遍的现象。因此，学者叶隽提出的"侨易论"不失为一种认识论与方法论。对于丝路史研究而言，"侨易史"的视角无疑是一种独特的学术视角与工作路径。那么，丝路的"侨易史"首先要关注丝路流动和交往的"侨史"，然后关注丝路互动而产生变易的"易史"，还要关注因"侨"而致"易"的丝路发展逻辑史。"侨史"强调丝路全球空间维度的历史，"易史"关注丝路全球横向时间维度的历史，"逻辑史"是关注异质文化如何相互作用与精神变形的普遍逻辑。

简言之，丝路是一种"侨易现象"，丝路史乃是一部"全球侨易史"。丝路侨易史是一种以丝路民众为侨易主体，以丝路货物为侨易对象，以陆路和海路为侨易空间，并以贸易、宗教、朝贡、遣使等为侨易路径的全球侨易史，它的根本侨易诉求是全球的民心互通、文化互动和文明互鉴。

在本质上说，丝路即是一条"侨易之路"。所谓"侨易"，包含三层内涵：一是"空间位移"（"侨"），二是"时间变易"（"易"），三是"时空逻辑"（因侨致易）。毋庸置疑，"侨易"的内涵具有宇宙性的封闭结构，涵盖宇宙的基本构成时间、空间以及具有时空逻辑的存在（"物质"或"人类"）。

所谓"空间位移"，包括两大侨易主体——人和物——的空间位移，即丝路"人的空间位移"和"物的空间位移"。前者如商人、工匠、传教士、使者、旅行者、海盗、殖民者等丝路群体，后者如丝绸、瓷器、漆器、金银器、钟表、测量仪、沙漏、胡床、玻璃器、西洋画、铜版画、珐琅器等。丝路主要通过陆路和海路实现人与物的空间位移，展现出全球"人的流动"和

"物的流动"的跨国家、跨地区和跨民族的交往之路。丝路之"侨"的本质内涵即为"物的流动"和"人的交往"[33]。物的流动和人的交往是相辅相成的，有了物的流动，也就有了人的交往。物的流动不仅带动了人的交往，还特别地加深了人的交往。威廉·麦克尼尔认为："与外来者的交往是社会变革的主要推动力。"[34]同样，丝路上人的交往推动了全球社会的变革与发展，由此诞生了"全球文明互动"[35]。全球文明是互动的[36]，不存在绝对孤立的文明[37]。尽管"交往"或"互动交流"[38]不足以反映全球历史横向发展的全部[39]，但交往始终是全球民众客观存在的社会诉求，当然会出现"交往逆向"或"不平等对话"等情况。当然，不能把所有丝路上的殖民交往过程或事件等描述成丝路交往，这样自然会有损丝路全球史的客观性。实际上，空间位移或空间流动不仅是人类交往的需要，还是人类生存的选择。商人走上丝路能获得更多的商品价值与货币，"货币之路"由此而生，进而实现了全球的商品资源流通和货币流通，超越了空间经济优先的狭隘个人主义，创造了全球经济发展之路，也带来了互利共赢的发展理念。工匠踏上丝路，能把自己的手作技艺物带到全球需要的地方，从而获得或交换得到彼此需要的货物与审美，"艺术之路"或"美学之路"也由此而生，进而实现全球艺术资源的共享和美学思想的流通，创生了全球艺术或美学发展之路，超越了空间优越的中心主义，也带来了文明互鉴与共享的发展理念。传教士踏上丝路，不仅传递了上帝的福音和虔诚的宗教思想，还传播了技术、科学与哲学，进而创生了"宗教之路"，超越了民族宗教的地方主义，也带来了全球宗教思想对话与互鉴的传布理念。总之，因空间位移或空间流动，丝路民众实现了用"空间共享"超越"空间优越"，用"空间互惠"超越"空间自私"，用"空间互鉴"超越"空间冲突"，这就是空间位移或空间流动的侨易诉求。对于人类来说，空间既是无限的，又是有限的。在有限空间中追求无限空间的遐想与超越，这是人类的永恒追求。同时，人类在无限空间中不断地体味与审美，进而实现有限空间的生活意义与价值，这也是人类的本然诉求。丝路的开辟为人类的"空间梦想"提供了互联、互通与互惠的舞台，推进了全球人类的对话、交流与互鉴，增进了全球民众心灵、思想和精神的沟通。

　　所谓"时间变易"，是指事物的时间性本质变化，即空间位移后的事物在时间赓续中被新的空间环境、语境洗练后的质变。对于丝路空间中的"人易"来说，即产生"精神质变"；对于丝路空间中的"物易"来说，即产生

"物质质变"。丝路空间中的"人易"或"物易"均是空间位移的产物，都离不开空间的流动与交往。为什么说空间位移会导致时间变易？在本质上说，时间是一个恒常的变量，是相对连续的，但空间中的人或物在位移的过程中会打破原有的时间恒常性与持续性。丝路物的交往逐渐推进了全球人的交往的愿景与渴望。一旦丝路被阻塞或关闭，人们会选择殖民掠夺、海盗抢劫、战争侵入等方式实施空间的位移，进而打破原有空间中所有人和物的时间恒常性与持续性。譬如在西班牙、葡萄牙等殖民者到达南美智利、巴西之后，拉美土著文明的发展明显地受到欧洲殖民者文明的影响，进而改变原有土著文明的发展轨迹或道路。随之而来的是，土著空间中的精神质变和物质质变成为时间发展链条上新的空间现象，连同人们的穿着时尚、生活方式、审美感等都会发生变易。这里有一个明显的可说明的案例：殖民者将中国的瓷器、丝绸等带到拉美之后，拉美土著人开始以拥有中国陶瓷为荣耀，并视之为财富的象征。土著居民也开始穿着中国的丝绸服饰，并习惯于中国的图案、式样和设计，慢慢地形成了具有中国风格的拉美时尚。为了获得更多的丝绸、漆器、瓷器等中国货，拉美土著人在殖民者的帮助下开始创办髹漆、制瓷和缂丝的作坊或工厂，来仿制中国的产品，以满足当地人的消费需求。很显然，这些仿制的具有中国风格的拉美货物是丝路人的交往和物的交往的产物，是丝路空间位移的结果。如此说来，时间变易是需要空间位移提供支持与帮助的。就先后关系而言，在时间变易体系中，物质质变要先于精神质变，或者说物质质变是精神质变的基础与条件。其实，没有物质的流动与交往，就没有物质的发展与质变，也就没有了精神质变的可能。因此，丝路流动与交往是时间变易的通道，也是时间变易的动力。换言之，丝绸之路创生了空间位移体系下的时间变易。从更为广阔的视野看，这个丝路中的时间变易就是生活的变易、技术的变易、伦理的变易、美学的变易和文明的变易。当北非人遇到中国瓷器的时候，他们改变了宗教墓葬装饰习俗，采用瓷片修建穆斯林葬墓，因为他们相信，这些来自中国的瓷器对于上帝来说是非常虔诚的礼物，也是最美的象征。不仅如此，他们还用瓷器装饰生活空间，改进烧陶技术，用精美的陶瓷去点缀他们的日常空间。非洲人毋庸置疑地在丝路空间中共享了世界陶瓷艺术，改变了他们的生活伦理与精神美学。同样，非洲人也把玻璃器、胡床、金银器等带到了中亚和中国。随着这些器物的流动及其文化传播，中国对这些器物的使用、技术提升和美学装饰也开始了，进而创生了新的生活方式和美学精神。为了打破时间的恒常性，人类孜孜不倦地追求时间赓续中的短暂与片刻，并在时间的瞬间中找到时间变易的快乐与永恒，从而体验时间变易带来的满足与幸福。波斯人在横跨亚洲、欧洲和非洲的空间中攫取各民族时间变易之精华，汲取各民族的艺术智慧，创造了属于波斯人自己的艺术，进而成为"欧洲艺术的老师"。在波斯人的艺术中，有希腊艺术的肃穆，也有非洲艺术的古朴，更有亚洲艺术的含蓄，他们创生了独特的波斯艺术。这一切都是波斯人流动和交往的结果，是空间位移带来的时间变易。当波斯艺术在空间位移中形成独特的时间变易之后，它又向四周扩展。或者说，波斯艺术是流动的。欧洲的教皇、唐朝的长安、中亚的清真寺、非洲的穆斯林等无不受到波斯艺术的影响。古波斯文明同其他文明一样，在空间位移中实现了时间变易，进而成就了自己文明的辉煌。

▲ 图 2-6 波斯波利斯大流士与薛西斯谒见厅

所谓"时空逻辑"，即时空变易的规律与规则。换言之，因"侨"致"易"的"致逻辑"，即时空逻辑，它包括一般的形式逻辑和高级的辩证逻辑。所谓的"形式逻辑"，即时空变易的演绎与归纳之逻辑；所谓的"辩证逻辑"，即时空变易的矛盾和对称之逻辑。时空逻辑是丝路侨易的核心诉求。如果说丝路之物或人的交往是观"易"之"象"，那么，时空逻辑就是察

"象"之"易"。简言之，丝路的时空逻辑就是丝绸之路如何在空间位移和实践变易中生成与发展的规律和规则。在形式上，丝路的时间赓续与空间延展构成丝路文明的一般逻辑。一种文明的强大与否，往往通过这种文明的时间赓续力和空间延展力的大小来判断。丝路文明的时间赓续力和空间延展力是强大的，从古代赓续至当代，从中国延展至全球，展现出它无限的时间赓续力和空间展现力。这就是丝路的一种形式逻辑——时空力。同理，根据丝路的其他时空变易，也能归纳和演绎出丝路的其他形式逻辑。在全球范围内，丝路的时空变易史就是一部形式逻辑史。⑩譬如丝路经济史、丝路交通史、丝路艺术史、丝路工匠史、丝路美学史、丝路哲学史、丝路宗教史、丝路建筑史、丝路驿站史、丝路佛教史、丝路传教史、丝路诗歌史、丝路文学史、丝路丝绸史、丝路漆器史、丝路瓷器史、丝路金银器史等，它们都是丝路形式逻辑史。这些"史"的提出，本身就是对相关丝路史的归纳。实际上，这些丝路的形式逻辑史就是全球史的一部分，因此，它们又可以成为经济全球史、交通全球史、艺术全球史、工匠全球史、美学全球史、哲学全球史、宗教全球史、建筑全球史、驿站全球史、佛教全球史、传教全球史、诗歌全球史、文学全球史、丝绸全球史、漆器全球史、瓷器全球史、金银器全球史等。从这些形式逻辑史中也可演绎出新的形式逻辑史，譬如丝路交往史、丝路对话史、丝路精神史、丝路技术史、丝路文明史、丝路传播史等。同样，在全球范围内，丝路的时空变易史就是一部辩证逻辑史。在矛盾逻辑层面，有丝路文明的融合与冲突，也有丝路文明的优越与共享，更有文明的中心主义和命运共同体，同时，融合与冲突、优越与共享、中心与共同等也是对称逻辑的一部分。在全球史视野下，丝路的辩证逻辑史是一体的、统一的，即在文明冲突史中看到了文明融合史，在文明优越史中看到了丝路共享史，在丝路中心主义的历史中看到了命运共同体的历史。譬如敦煌全球史，就是一部世界文明的融合史、共享史和共同史，它几乎集全球文明的冲突、优越和中心主义于一体，进而创生了享誉全球的敦煌文明史，包含佛教全球史、艺术全球史、工匠全球史、建筑全球史、音乐全球史、交通全球史、经济全球史、贸易全球史、丝路全球史等。这里有亚洲文明、欧洲文明，也有非洲文明；这里有中国文明、印度文明，也有希腊文明。判断一种文明强大与否，往往不是依据这种文明的自我土著文明所占比例大小，而是要依据它在冲突、优越和中心主义中融合、共享和命运共同的力量大小。可见，丝路的辩证逻辑史是丝路文明的力量史，丝路文明的生命力就在于丝路自身的辩证逻辑力量。

概言之，丝路的时空逻辑是丝路自身的逻辑表征，是研究丝路侨易史的根本。一方面，丝路的时空逻辑史是对丝路侨易的历史总结；另一方面，对未来社会发展具有重要启示。因此，丝路的时空逻辑对于丝路侨易历史与影响的系统研究具有重要意义。

4. 意义

丝路侨易不仅带来了全球民众对他者的跨文化想象，也创生了全球民心相通、文化互鉴和文明发展之路。

在本质上说，丝路的意义表现即侨易的价值空间及其呈现。但丝路的侨易价值绝非丝路空间或时间的叠加意义，而表现为一种整体的系统意义，因为丝路的侨易史本身就是一种全球侨易史，而非地方侨易或单一侨易的叠加史。换句话说，丝路的全球意义触点既不是地方侨易史的意义，也不是单一事物侨易史的意义，而是一种全球的系统意义。但地方意义或单一意义是全球意义的个案与标准，是全球系统意义的一个环节或代表，因此丝路全球侨易史意义的书写不排除地方侨易史的意义书写，也不排除单一事物侨易史意义的书写。譬如，敦煌的丝路意义不仅具有中国地方史意义，还具有全球史意义。因此，敦煌的丝路意义触点是地方史和全球史的"系统景观意义"，即敦煌的丝路意义要放置于全球史的视角之下才能透视出它的地方意义和全球意义，敦煌的地方史意义不过是全球史系统中的一个"细胞触点"。这个"细胞触点"具有整体丝路身体意义的全部特征，但也有自己的细胞系统与体征。

丝路的意义空间即表现为丝路的侨易意义空间。因此，在系统层面，丝路意义的表现空间主要体现在贸易互惠、民心互通、文明互鉴等领域。贸易是丝路的主要侨易对象，作为侨易主体的商人不畏艰险，远涉重洋，勇闯沙漠，为全球贸易的开展拓出一条丝绸之路，实现了全球国家的物质共享、经济互惠和消费相通。在全球贸易之路上，人们开辟了无数的驿站、港口、榷场、会所、钱庄、镖局、货栈、商号等侨易据点。这些商业侨易空间的开辟，为全球贸易开展和民心互通提供了客观条件。在这些侨易据点开展的贸易活动，即为"物的交往"，也为全球文明互鉴提供了重要的载体[①]，因为物的功能不仅仅表现在自身的使用价值或审美价值上，还表现在交易或交换过程中的侨易功能上。物的侨易功能是物的流动和物的交往发挥的功能，如果没有物的流动和物的交往，这些功能是无法实现的。譬如，丝路上的茶叶贸易所发挥的侨易价值是深远的，直接影响了西方人的饮食习惯和消化系统，进而改变了西方人的身体结构。来自南洋和西域的香料贸易不仅为中国人提供食物调料，还改变了中国人的审美趣味：或作为生活空间中的"雅物"而审视，在诉诸高雅的象征中享受着独特的审美趣味；或作为宗教空间中的"燎祭"而使用，在祭祀神灵中发挥圣物通天之媒介的价值；或作为治病祛邪的"灵药"而对待，在心灵治疗和身体治疗中享受着"香草美人"的文明诉求。一言以蔽之，丝路的意义空间在互惠、民心、互鉴，以及全球的互动、交往中实现丝路的侨易价值。

丝路给人类带来的意义或影响是系统的，主要表现在生活系统、精神系统、文明系统等领域。全球民众因丝路贸易而受益，因丝路交往而互利互惠，进而对生活系统产生深远影响。在生活系统领域，丝路的侨易意义主要表现在生活方式、生活习惯、生活习俗、生活情趣等方面。葡萄牙人将中国的水磨带到欧洲，再从欧洲带到拉美，由此在"水磨的侨易"之路上的民众与水磨相关的生活系统均发生了改变，麦粉、豆腐、米粉等食品随之而来，进而也改变了他们的生活习惯。丝路上的任何一个侨易之物给丝路民众带来的影响都是系统的，也是多元的。譬如来自南洋的香料输入中原之后，随之而来的是宗教祭祀习俗、室内雅物文化和香道精神，也伴随着中国市场对香品、香具和香器的生产与设计，自然引来了一批文人、道士和医师的参与，进而导致在宫廷、民间、寺庙等空间的香文化兴盛。同时，香料的意义系统还慢慢地进入中国的文明系统，诸如儒家、道家和佛家的文明系统里都有香文化。各大文明对香的重视也加速了丝路上香料的流通速度，并在香料文化的流行中不断提高制香以及制作香器的水平，有了各种香品的制作，包括博山炉、宣德炉等香器的设计技术也随之而来。同时，文人墨客也开始关注香文化，书写《香界》（朱熹）、《和鲁直韵》（苏轼）、《乘香》（周嘉胄）等。也就是说，香料之路不仅带来了物质流通和交往以及技术的改进，还带来了文学系统对香文化的书写。另外，唐末的制墨工匠李廷珪将香料材料添加在墨块中，发明了一种"香墨"，不仅提高了墨的品位，更提升了墨的皇家气息。可见，在丝路交往过程中，任何一种物质的侨易都会引发人类文明系统的结构性变易。

▲ 图 2-7 河北满城中山靖王墓出土鎏金铜博山炉

四、丝路全球史的书写

根据丝路的"侨易现象""侨易本质"和"侨易意义"的历史属性与理论空间，丝路全球史或丝路侨易史的书写法则、中心问题以及主要对象[⑫]似乎已经"跃然纸上"，至少能得出以下几点有关丝路全球史书写的"对称逻辑"。

1. 丝路全球史不是地方史的叠加

地方史属于区域史，是以特定区域为历史地理单元的区域历史，通常有自己相对独立的系统、特征和结构，包括区域的社会史、经济史、政治史、制度史、人文史等。区域史如东亚史、东南亚史、中亚史、南亚史、北欧史、拉美史等，相对于全球史，中国史、印度史、波斯史、英国史、法国史、西班牙史等也是区域史。相对于中国史，江南史、闽南史、西域史、东北史、中原史等也是区域史。地方史或区域史是全球史的一部分，但全球史不是地方史的叠加。因此，丝路全球史不是丝路沿线地方、区域或国家的历史的叠加，因为它不仅要考虑丝路沿线国家史或地方史的个别系统，还要考虑这些国家和地方的丝路系统或全球系统，即要把握个别系统在全球系统中的力量和功能。换言之，丝路全球史的书写不是拒绝地方史[⑬]，只是更注重地方史的跨文化互动联系维度的全球维度的书写。德国诗人诺瓦利斯（Novalis）指出："只有在总的历史关系中才可领会个别史。"[⑭] 在全球史视角，丝路全球史的研究起点不是以区域单线进化论历史为中心，也不是以地方国家意志为中心，而是以丝路侨易主体及其丝路行为为中心，因为侨易主体及其行为把丝路沿线国家连接在一起，把全球的社会—文化历史统一到"普世—个别"的维度。譬如，作为丝路侨易主体的商人把全球器物带到丝路沿线国家，把全球的贸易、经济、技术、伦理、美学等带到丝路，并向全球传播。因此，丝路全球史即为丝路侨易史。"跨文化观"、"互动观"和"整体观"是丝路侨易史书写的三大原则。所谓"跨"，就是跨域"地方史"到"全球史"的关联，即"在地方史中寻找全球关联"或"区域史的全球性关联"。那么，这样的全球性关联是如何发现的呢？只有通过"互动"和"整体"的视野观照方能解决。中国学者进行丝路研究时可选择自己熟悉的"小地方"或"小区域"来发现它的全球联系，即"在中国发现全球或关联"。譬如通过丝绸全球史、瓷器全球史、漆器全球史、糖全球史、棉花全球史、纸全球史、火药全球史、指南针全球史、香料全球史、敦煌全球史、澳门全球史、长安全球史、景德镇全球史、十三行全球史、中国风格全球史等研究，人们就能较好地在中国发现全球性，即在中国地方史的区域、专题、微观等层面发现全球性的理论逻辑。如此看来，丝路全球史的书写是一种理论逻辑工程，即要寻觅全球范围内的丝路行为、动力、机制、兴起、衰落以及发展的全部逻辑。这能进一步证明丝路全球史即为"丝路侨易史"，发现因"侨"致"易"的理论逻辑。

2. 丝路全球史不是门类史的叠加

门类史是按照特定学科、范畴和种类为划分标准的门类历史。譬如按照学科划分，有丝路艺术全球史、丝路美学全球史、丝路宗教全球史、丝路建筑全球史、丝路音乐全球史、丝路农业全球史、丝路医药全球史、丝路经济全球史、丝路传播全球史、丝路文学全球史、丝路诗歌全球史、丝路哲学全球史等。但丝路全球史一定不是这些门类史的叠加，门类史只是全球史中的一种微观史或专题史。丝路全球史是人类共同体史，是丝路时空上的全球展开，但不是全球囊括。换言之，丝路全球史的书写不是拒绝门类史，而是注重门类史时空性或广域性的全球展开。这种"广域性展开"显然不是"独狼式的追逐"，而是以全球交流与交往的视角进行时空侨易的书写。"侨易"始终是丝路全球史书写的核心，"侨易论"既为全球史的书写带来空间转向或空间位移，又带来时间转向或时间变易。前者聚焦空间交往和空间流动的思考，后者关注时间的横向或时间板块的书写。这两种转向或书写摒弃了传统静态空间和纵向时间的书写习惯，即打破了静态历史和纵向历史的书写习惯。不过，需要指出的是，大尺度的空间书写和横向比较是困难的，需要有很大的理论勇气和历史功力，也需要有全球史辩证逻辑思维的支撑，否则容易让全球史的书写落空或陷入"客观主观主义"[65]的危险境地。此时，就更需要侨易逻辑来支撑了，即要正确地理解全球交往和流动的形式逻辑与辩证逻辑。譬如，丝路上的葡萄牙、西班牙等殖民者与中国和智利的互动就是野蛮的、侵略的和充满血泪的，因此，丝路的互动与背反、融合与分裂、和平与战争、顺从与逆反、和谐与矛盾、中心与边缘、交往与锁国等对称逻辑的出现是常有的事情[66]。换言之，如果放弃从侨易逻辑的视角出发来思考全球史，很容易落入"主观想象主义"的陷阱，仅仅以一般形式逻辑中的"互动—融合"范式来看待这些野蛮的殖民者，就无法正确地书写丝路全球史了。

3. 丝路全球史不是微观史的叠加

作为全球史的"大历史叙事"，即把人类史纳入宇宙史的范畴书写。同样，丝路全球史也是宇宙史书写的一部分，作为侨易史的丝路全球史更具有宇宙史的特征，因为全球侨易史既有时间层面的"易"，又有空间层面的"侨"，更有逻辑层面的"侨易逻辑"。实际上，全球史书写离不开微观史的书写，因为微观史如同全球史的细胞一样，能反映全球史的体征与性状。不过，丝路全球史的书写不是微观史的叠加，因为单个细胞相加并不能构成一个完整的活的机体。只有这些细胞在机体系统中互动、运行和相互联系，才能构成身体的一部分。如果这些细胞被带入机体后发生变异、冲突和优越，它很快就会成为"坏细胞"。换言之，丝路全球史的书写不是拒绝微观个案史[67]，而是注重微观史的跨界、系统和互动，在反中心、反优越和反冲突的理念下书写。譬如，丝路漆器全球史的书写，绝非中国漆器史、印度漆器史、日本漆器史、法国漆器史、英国漆器史、埃及漆器史、智利漆器史、美国漆器史等微观漆器史的叠加，而是要寻找中国漆器史的全球性展开"互动"与"侨易"的微观细节，如要在中国漆器被传播至日本，日本由此成为全球性的"漆国"的"变易、简易、不易"中探寻；要发现日本漆器又被传播到南亚以及中亚和欧洲的国家之后，带有中国漆器基因的日本漆器又在其他国家发生"侨易"的现象；还要看到中国漆器和日本漆器在印度中转销往欧洲国家或美国后，当地民众为什么不愿意称这些漆器为"中国货"，而称之为"印度货"；当中国漆器被大量地输入法国和日本，要看到这些国家担心本国的白银输出量过大，竟然动用国家的力量控制国民购买中国漆器。同样，也要看到中国风格的漆器是如何走进欧洲、美洲的普通家庭的，是如何影响世界民族的消费风尚、室内装饰和审美情趣的。总之，一个小小的漆器联系着全球，在全球民众中互动与交往，这就是微观史的全球书写。

简言之，书写丝路全球史要处理好全球史和地方史（或区域史）、全球史和门类史（形式史）、全球史和微观史（或专题史）等对称逻辑关系，注重地方史、门类史和微观史的全球广域性书写，在全球互动、交往和联系中书写。归结到一点上，即丝路全球史就是丝路侨易史的书写。

综上所述，丝路华物已然实现从商品物向思想物和制度物的全球化流通与演进，彰显出从物的易位到文明创生的嬗变历程，展示了华物在全球丝路交往中的资源功能与时空价值。透视华物的丝路物流之路对西方资源组合和时空缔造的历史规律极具启迪意义，至少能得出以下几点。

第一，华物是中华文明较为典型的物质载体，它们在思想、制度和技术层面显示出中华文明的卓绝身份，彰显出它们在丝路文明交往中的显赫地位。欧洲通过丝路贸易、殖民扩张、战争掠夺等方式攫取了大量的东方华物资源组合，为欧洲文明注入源源不断的资源动力与思想源泉，显示出欧洲文明如同其他文明一样，其社会发展的内生性和外化性是相协同的，发展性和革新性是相同步的。换言之，任何文明的发展绝非孤立的、静止的，一切撰写或主张文明保守主义、孤立主义或单边主义的文明观都是狭隘的。

第二，资源组合的传播与吸收是丝路文明互鉴的根本偏向，丝路的对话、交流与互动是多元资源组合的对话、交流与互动。在所有的资源组合中，器物的资源组合很具活力与代表性。在丝路文明史上，在以"胡器"为表征的阿拉伯文明，以"佛器"为表征的印度文明，以"洋器"为表征的基督教文明等与以"华器"为表征的中华文明之间，它们彼此的对话、交流与互动已然构成中外文明接触的重要对象，进而为各自文明的外化、内生与革新提供多元的资源组合。

第三，全球两个千年（650—1000 年的阿拉伯伊斯兰中东和北非的西方全球化时代和 500—1800 年的东方中国全球化时代）的文明对话及其资源重组显示，中华文明在世界文明史框架下不断地与外来文明互动发展，欧洲文明也在与中华文明的接触与吸纳中不断发展与重组®。中国"一带一路"倡议是中国古代丝路智慧的当代传承与发展，是发展与繁荣全球文明的中国方案和中国思想。

注　释

① Durant W. The Reformation: A History of European Civilization from Wyclif to Calvin: 1300—1565 ［J］. *Research of Environmental Sciences*, 1957, 23(11):1395—1404.

② 约翰·霍布森.西方文明的东方起源［M］.孙建党，译.济南：山东画报出版社，2009：3.

③ 约翰·霍布森.西方文明的东方起源［M］.孙建党，译.济南：山东画报出版社，2009：3.

④ 约翰·霍布森.西方文明的东方起源［M］.孙建党，译.济南：山东画报出版社，2009：3.

⑤ Gare A. *Beyond European Civilization: Marxism, Process Philosophy, and the Environment*［M］. Eco-logical Press, 1993.

⑥ 姚贤镐.中国近代对外贸易史资料(1840—1895)：第 1 册［M］.北京：中华书局，1962：165—166.

⑦ 转引自：耿昇.贡斯当与《中国 18 世纪广州对外贸易回忆录》［M］//纪宗安，汤开建.暨南史学：第 2 辑.广州：暨南大学出版社，2003：372.

⑧ 朱杰勤.中外关系史［M］.桂林：广西师范大学出版社，2011：107.

⑨ 瓦德西.瓦德西拳乱笔记［M］.王光祈，译.上海：上海书店出版社，2000：53.

⑩ 约翰·霍布森.西方文明的东方起源［M］.孙建党，译.济南：山东画报出版社，2009：5.

⑪ 布罗斯.发现中国［M］.耿昇，译.济南：山东画报出版社，2002：48.

⑫ 胡雁溪，曹俭.它们曾经征服了世界：中国清代外销瓷集锦［M］.北京：中国大百科全书出版社，2010：9.

⑬ May，M. G.	"*CHINOISERIE*."	English 2.8（1938）：98—99.

⑭ 兰德斯.解除束缚的普罗米修斯［M］.谢怀筑，译.北京：华夏出版社，2007：5.

⑮ 中共中央马克思恩格斯列宁斯大林著作编译局.马克思恩格斯选集：第 1 卷［M］.北京：人民出版社，1995：107.

⑯ Powell C. F. The Role of Pure Science in European Civilization［J］. Physics Today, 1965, 18(5):56—64.

⑰ 吴蕙仪.清初中西科学交流的一个非宫廷视角——法国耶稣会传教士殷弘绪的行迹与学术［J］.北京行政学院学报，2018（06）：115.

⑱ 吴蕙仪.清初中西科学交流的一个非宫廷视角——法国耶稣会传教士殷弘绪的行迹与学术［J］.北京行政学院学报，2018（06）：117—118.

⑲ 吴蕙仪.清初中西科学交流的一个非宫廷视角——法国耶稣会传教士殷弘绪的行迹与学术［J］.北京行政学院学报，2018（06）：120.

⑳ Schaap E. Three Delft Pieces in the Philadelphia Museum of Art［J］. Philadelphia Museum of Art Bulletin, 1967, 62（294）：284.

㉑ 施晔.荷兰代尔夫特蓝陶的中国渊源研究［J］.文艺研究，2018（01）：137.

㉒ 潘天波.漆向大海：古代海上丝绸之路漆艺文化研究［M］.福州：福建美术出版社，2017：

㉓ 伏拉索娃，阿列克赛耶夫，座勃夫等.荷兰［M］.王正宪，蒋相泽，端木正，等译.北京：商务印书馆，1959：63.

㉔ 施晔.荷兰代尔夫特蓝陶的中国渊源研究［J］.文艺研究，2018（01）：142.

㉕ 卜正民.维米尔的帽子：17世纪和全球化世界的黎明［M］.黄中宪，译.长沙：湖南人民出版社，2017：24.

㉖ 这些作品系《旅行：林斯侯顿在葡属印度的东方远洋航行记》（*Itinerario, Voyage ofte schipvaert van Jan Huyghen van Linschoten naar Oost ofte Portugaels Indien*, 1579—1592）、《伟大的中国王国最令人惊叹的事物、礼仪和习俗之历史》（*Historia de las cosas mas notables, ritos y costumbres del gran reyno de la China*）、《崇祯，中国君王的毁灭》（*Zungchin, of de ondergang der Chineesche heerschappije*）、《特拉奇尔，中国的覆灭》（*Trazil, of overrompelt sina*）。王文欣，姚建彬.17世纪初到20世纪初荷兰的中国研究与中国文学翻译［J］.外国语文，2016（06）：114—115.

㉗ 贺圣达.17—18世纪的荷兰－印尼－中国贸易与多元文化交流［J］.广西师范大学学报（哲学社会科学版），2015（04）：11.

㉘ 取自李希霍芬的著作《中国——亲身旅行的成果和以之为根据的研

究》，这本书系统阐述中国地质基础和自然地理特征，并创立黄土成因说。

㉙ McNeill W H. *The Rise of the West*：*A History of the Human Community*［M］.University of Chicago Press，1963.

㉚ 杨巨平."全球史"概念的历史演进［J］.世界历史，2009（05）：188.

㉛ 刘新成.中文版序言［M］//本特利，齐格勒.新全球史：文明的传承与交流（上）.魏凤莲，张颖，白玉广，译.北京：北京大学出版社，2007：V.

㉜ 叶隽.侨易现象的概念及其内涵与外延［J］.上海师范大学学报（哲学社会科学版），2013，42（01）：30.

㉝ "历史上存在的各种类型的'交往网络''共生圈'或互动区是全球史研究的重要内容。"夏继果.理解全球史［J］.史学理论研究，2010，（01）：50.

㉞ 麦克尼尔和本特利认为："生硬地把人类文明分成不相往来的各个部分，并进行比较的方法论是欠妥的。"McNeill W H. The Changing Shape of World History［J］. History & Theory，1995，34（2）：18.

㉟ "文明互动说"是全球史的核心概念。Belich J. The Oxford Handbook of World History，edited by Jerry H. Bentley［J］. The English Historical Review，2012，CXXVII（525）：518—521.

㊱ Kramer L，Maza S. A Companion to Western Historical Thought［J］. Reference Reviews，2016，17（2）：44—45.

㊲ Perlmutter H V. On the Rocky Road to the First Global Civilization［J］. Human Relations, 1991, 44(9):897—920.

㊳ 杰里·本特利、赫伯特·齐格勒《新全球史》（*Traditions & Encounters：A Global Perspective on the Past*）的章节（全书七大部分，40章）安排中，可以看出作者对全球"交流"的重视和认可，譬如"丝绸之路上的多种文化交流"（第12章）、"延展：跨文化交流"（第22章）、"跨洋交流与全球联系"（第23章）、"没有国界的世界"（第40章）。参见杰里·本特利、赫伯特·齐格勒：《新全球史：文明的传承与交流》，魏凤莲、张颖、白玉广译，北京：北京大学出版社，2007年。

㊴ 学者俞金尧指出："'互动'（或'交流'）一词不足以反映近代

以来世界历史横向发展的真实状况。全球史研究者需要认识资本主义发展在全球史进程中的意义和由此产生的不平等关系，并应审慎地看待全球史观和全球史研究的客观性。"俞金尧.关于全球史上跨文化交流的评估［J］.北方论丛，2009，（01）：74.

㊵德国学者康拉德在《全球史导论》中列出了全球史研究的对象有全球商品、海洋史、移民史、帝国史、民族史、环境史、种族史等，这也显示出全球史与"丝路全球史"或"丝路侨易史"的关联。S.康拉德.全球史导论［M］.陈浩，译.北京：商务印书馆，2018："目录"第2—3页。

㊶Perlmutter H V. On the Rocky Road to the First Global Civilization ［J］. *Human Relations*, 1991, 44(9):897—920.

㊷诚如康拉德所言，"全球史研究的中心问题包括跨境进程、交互关系，以及在全球语境框架内的比较。因此，世界的互联往往是切入口，事物、人群、思想和制度之间的流通和交换是该概念最重要的研究对象"。S.康拉德.全球史导论［M］.陈浩，译.北京：商务印书馆，2018：9.

㊸诚如于沛指出，"文化的多样性决定了全球史的多样性，即每个国家和民族都有自己心灵中的全球史"。于沛.全球史：民族历史记忆中的全球史［J］.史学理论研究，2006，（01）：18.

㊹转引自：汉娜·西斯勒.世界史：理解现在［J］.邹建华，译.学术研究，2005（03）：83.

㊺"为了反对'欧洲中心论'，西方的全球史学者提出要从月亮上来观察地球。"L. S. 斯塔夫里阿诺斯.全球通史：1500年以前的世界［M］.吴象婴，梁赤民，译.上海：上海社会科学院出版社，1999：54.

㊻全球史学者更喜欢使用"互动"（interaction）、"交流"（exchange）等中性词汇来描述近代西方国家与非西方国家的关系，以掩盖历史上的不平等关系。"互动""交流"这类词是难以反映殖民国家与被殖民地之间的真实关系的。当历史上的西方人把美洲印第安人及其文明基本上都消灭时，连最起码的"互动"条件都不存在了；如果把奴隶贸易当作跨文化互动的一个内容，当然也是不合适的；用"互动""交流"描写鸦片战争，大概中国不会有人愿意接受。俞金尧.关于全球史上跨文化交流的评估［J］.北方论丛，2009，（01）：

㊼刘新成在《光明日报》记者薄洁萍主持的一次采访中列出了全球史

的 8 种"互动模式"研究视角：1. 阐述不同人群"相遇"之后，文化影响的相互性和双向性；2. 描述人类历史上曾经存在的各种类型的"交往网络"或"共生圈"；3. 论述产生于某个地区的发明创造如何在世界范围内引起连锁反应；4. 探讨"小地方"与"大世界"的关系；5. "地方史全球化"；6. 全球范围的专题比较研究；7. 生态史、环境史研究；8. 探讨互动规律与归宿。参见薄洁萍：《在互动中建构世界历史》，《光明日报》2009 年 2 月 17 日第 12 版。

㊽ Durant W. The Reformation: A History of European Civilization from Wyclif to Calvin: 1300—1565 ［J］. *Research of Environmental Sciences*, 1957, 23(11):1395—1404.

第三章

-

物的力量：
中国和美洲
的接触

在全球史观视角下，华物打通了中华文明和美洲文明的对话之门，重组了美洲文明的思想资源、制度资源和技术资源，缔造了美洲文明在经济动力、民族身份和土著艺术的时空特质。华物已然实现从商品物向思想物、技术物和制度物的演进，彰显出从华物的易位到文明创生的互鉴力量，展示了华物在美洲国家发展中的特殊功能与影响体系。透视华物的洲际丝路物流之路以及对美洲资源组合、时空缔造的历史规律，极具启迪意义。

在世界文明史框架中，东方文明中的中华文明在世界文明史上的地位和身份是显赫的。然而，在全球文明史叙事里，一直以来，人们似乎遮蔽或忽视了中华文明在整个世界文明体系中的价值与功能。实际上，持西方中心论的学者不仅无视西方文明的流动性，也忽视了世界文明在流动中资源重组和时空缔造的特质。正如埃里克·沃尔夫（Eric Wolf, 1923—1999 年）在《欧洲与没有历史的人民》（*Europe and the People Without History*）中指出的那样，"人类世界是一个由诸多彼此关联的过程组成的复合体和整体，这就意味着，如果把这个整体分解成彼此不相干的部分，其结局必然是将之重组成虚假的现实"[①]。换言之，西方中心论者或有将世界文明整体解体成虚假西方文明史的潜在危险。

接下来，笔者拟从丝路华物在美洲的流通入手，重点阐释丝路华物给美洲文明所带去的思想资源、制度资源和技术资源及其重组的力量，较为详细地分析丝路华物在美洲国家的时空缔造功能及其影响体系，以此昭示欧洲文明、亚洲文明和中华文明内生性之外的互动性与交流性特质，阐明丝路文明互鉴的基础性意义。

一、 中国和美洲的早期接触及物质交往

美洲位于西半球，由北美洲和拉丁美洲构成。北美洲主要由加拿大、美国以及一些岛屿构成，拉丁美洲包括墨西哥、中美洲和南美洲以及一些附属群岛。根据历史地理研究，东方的中国人早于意大利航海家哥伦布发现与接触美洲[②]。在 16 世纪之前，中国接触美洲的交往方式大致有自然式接触、朝贡式接触、移民式接触等，并持续建立包括物质交往在内的诸多接触性交往关系。

1. 自然式接触

中国和美洲的自然式接触时间可追溯到旧石器时代晚期，接触地点聚焦在中国的东北亚和美洲北端的白令海峡广阔区域。或者说，中国与美洲或在原始社会就有自然性接触，尤其是东北亚的原始部落和美洲的印第安人在石器技术"自然分享"（或非主观愿望的分享）上或有"原始交往"（或为捕猎过程中的自然流动）的可能性。所谓"自然式接触"，指的并非是主观接触动机下产生的直接接触，而是带有很大的偶然性、自然性和间接性。中国和美洲的自然式接触方式可以通过旧石器时代晚期的器物文化表征的相似性做出推测。考古发现，"美洲和亚洲的旧石器时代晚期文化有许多共同特征。然而，可以明确而生动地表明这种共同特征的文化遗物是楔状石核"[3]。作为远古时期的楔状石核，它或是人类活动的远古印记和痕迹。这种文化遗物所表征的交往活动，或以与中国和美洲的距离相对靠近的白令海峡作为纽带展开。从历史地理学上看，白令海峡最有可能为亚洲和美洲的沟通、迁徙和追猎提供冰面道路或交往通道。换言之，在美洲出土的与亚洲有相似性的楔状石核，可能是亚洲或美洲部落人在追猎、迁徙中留下的"接触性杰作"。傅朗云在《通往美洲的丝绸之路》一文中记载，曾在印加帝国那期卡古墓葬中考古发现刺绣、本色花绸等，在阿尔万山古神庙石碑上发现汉文"水"字[4]。这些出土的中国化遗物暗示早期美洲和亚洲的中国文化具有亲缘关系，或昭示出中国和美洲之间早期就存在着不为人知的自然性物质交往史。

尽管考古人类学家已经证明中国和美洲之间存在某种文化的亲缘关系，即"美洲的原住民——印第安人和埃斯基摩人——从人类的系统来看，即为蒙古利亚种之再向东移植，和中国人是有亲属关系的"[5]，但是最为直接的亲缘关系见证莫过于中国和美洲国家的物质交往关系。考古学家在墨西哥曾发现公元 5 世纪前后的具有中国风格的遗物。泥塑古佛、中国古钱、刻有中国文字的佛珠、中国龙图案等考古出土的中国风格器物及其图像，不仅显示了中国和墨西哥的早期交往史时间可上溯到公元 5 世纪，而且还显示出其交往可能从佛教交往开始，并伴有器物交往或贸易交往。在南美洲的秘鲁，考古学家也曾发现公元 5 世纪左右的中国古物。在 1865 年，秘鲁人孔德·德瓜基"在特鲁希略附近掘出一座金属女神像，梳中国式发辫，脚踏龟蛇，神像旁边刻有汉字'或南田井'四字。德国考古学家约塞·基姆克确认这尊神像为中国文物，埋藏地下可能已有千余年以上。……在秘鲁利马国家博物馆中，有两件画有八卦图形的陶器，编号为 1470 号。秘鲁历史学家弗朗西斯科·洛艾萨断定它们是中国文物，是千数百年前由中国运到秘鲁的。秘鲁境内还曾掘出一块石碑，虽已剥落不堪、字迹模糊，而中文'太岁'二字却很清楚"[⑥]。很明显，秘鲁出土的神像、陶器和石碑，与墨西哥出土的古物文化序列大体一致，这也显示出早期拉美国家与中国的接触性交往较为密切。

2. 朝贡式接触

在公元 7—10 世纪，中国和美洲的官方人员往来或已开始，尤其是朝贡贸易或开辟了中国和美洲的东北亚海上丝路贸易。根据考证，"北美阿拉斯加一带的土著民族，早在唐贞观十四年（640）便曾派使节来我国朝贡"[⑦]。北美阿拉斯加一带的土著民族靺鞨族人或为最早与唐朝建立朝贡关系的。根据历史学家的考证，靺鞨族人即为传说中的流鬼国人。或是说，流鬼国是唐朝通向北方的最遥远的朝贡国。值得注意的是，流鬼国靺鞨族人使用的工具与中国相同，其文化与中国文化具有亲缘关系。《通典·北狄·流鬼》记载："流鬼，在北海之北。……箭与中国同，以骨石为镞。……靺鞨有乘海至其国货易，陈国家之盛业，于是其君长孟蠕遣其子可也余志，以唐贞观十四年（640 年），三译而来朝贡。"[⑧] 可也余志接受唐朝政府的册封，担任骑都尉的武职。根据考证，"流鬼国在阿拉斯加境内，北邻夜叉国即爱斯基摩人"[⑨]。另外，委内瑞拉学者安东尼奥·莫雷诺·维亚弗兰卡也曾考证，"当时有一批中国东北地区的靺鞨族人航渡太平洋到达中美洲一带，被称为欧康人"[⑩]。这里的"欧康人"，即为流鬼国的靺鞨族人，他们活跃在白令海峡附近，往来于中国和美洲之间。

在唐朝末年，时任广州司马的刘恂在《岭表录异》中册曾记载中国官员和新罗商人去北太平洋美洲之情形。"其友人陵州（今山东半岛）刺史周遇，回福建探亲，从蓬莱乘舟南下，因海上风暴，漂经狗国（库页岛）、毛人国（阿留申群岛）、夜叉国（阿拉斯加）、大人国（墨西哥）、流虬国（冲绳）、小人国（澳大利亚），至广州上岸。"[⑪] 尽管中国官员周遇对美洲的"造访"是一次海上意外，但也能显示早期中国和美洲的官方往来情形。直至明代，中国和美洲的物质交往还在持续。美国考古队曾在旧金山以北德鲁克海湾附近的印第安人贝塚中，发掘出中国明代万历年间 70 余件青花瓷。这批中国的青花瓷是中国和美洲或拉美国家交往的有力古物证据，显示出中国和拉美经由海上丝路交往的悠久历史，镜像出中国和拉美国家早期物质交往的情形，也见证中国和美洲的接触从早期的自然接触到 16 世纪的贸易接触转型，实现了中国和美洲接触的自觉性展开与延展。

3. 移民式接触

根据美洲出土的中国器物，中国工匠或从公元 5 世纪就移民到拉美国家，并将中国的工匠文化带到拉美地区。譬如公元 458 年，中国沙门慧深抵达扶桑国。法国东方学家德·基尼（Joseph de Guignes）根据元代马端临《文献通考》（第 327 卷）转录《梁书》认为，扶桑国或为美洲的墨西哥[⑫]。慧深在扶桑国生活了数十载，他或最早将中国器物文化传播到拉美地区。根据在拉美出土的佛珠、石碑以及佛像等具有中国特色的佛器来看，这些古物或是中国僧侣带去拉美，或是由前往当地的中国僧侣和土著居民共同创作的。但根据目前文字记载，早期在拉美的华人工匠，应是被西班牙人掳掠或拐卖到拉美做工的，当然也有契约工匠。16 世纪末期，前往拉美的华人工匠基本上是通过不正常的招募方式，这主要是因为从 16 世纪后期开始，"西班牙人在拉丁美洲已由殖民征服阶段转入开发掠夺时期。在继续奴役土著印第安人的同时，急需补充各行各业的劳动人手，主要靠从非洲大量输入黑人奴隶。当时侨居菲律宾的华人中有许多能工巧匠，他们的精湛技艺吸引了西班牙殖民当局的注意。16 世纪末，西班牙王室下令允许华人工匠进入拉丁美洲"[⑬]。塔玛·戴安娜·威尔逊研究认为，"最早的秘鲁华人移民也从事家佣和工匠的职业，他们的身影出现在矿山、鸟粪场以及安第斯铁路的建筑工地。铁路由美、英公司出资，秘鲁、智利和中国的契约劳工都被征募去修建铁路。……也有少量华人契约劳工进入巴西、巴拿马、智利和厄瓜多尔等国的种植园以及其他工作场所"[⑭]。可见，大批被迫移民的中国工匠在美洲从事最为艰苦的工作，为美洲文明的发展奠定了物质基础。

毋庸置疑，在美洲国家出土的中国遗物像一面特殊的镜子，能直接镜像出中国和美洲早期的密切接触与物质交往。换言之，美洲国家出土的中国遗物或是中国和美洲交往的有力证据，也间接地表明中国与美洲人民交往甚早的事实。

▲ 图 3-1　参与修建美国太平洋铁路的华人劳工

二、 中国和美洲海丝贸易接触体制

伴随 16 世纪地理大发现和欧洲殖民扩张的步伐，在殖民者第三方中介的干预作用下，中国和美洲国家的海上丝路直接交往开始了。换言之，地理大发现与欧洲殖民文化的空间拓展不仅扩大了世界各国之间的经济文化交流，还为中国与美国的接触提供了新契机。西班牙、葡萄牙等欧洲国家相继在亚洲马尼拉、拉美巴西等地开辟新的殖民地，进而将在中国贩卖的器物转运至美洲国家。在国际交往体制层面，中国、马尼拉和欧美的"三角贸易"成为这个时期的中国和拉美官方物质文化交往的重要体制。由于三角贸易所需费用巨大，美洲的很多国家在 18—19 世纪也纷纷要求与中国展开直接的官方贸易。另外，迫于中国政府的"禁海政策"，巨大的商业诱惑也使得民间走私贸易成为中国和美洲丝路物质文化交往的重要方式。因此，中国和美洲海丝贸易的接触体制大致有三：三角贸易、官方贸易和民间贸易。

1. 三角贸易

大约在 16 世纪 70 年代，西班牙殖民者在菲律宾与中国人相遇，从此西班牙人成为在中国和拉美之间建立贸易关系的掮客，西班牙、菲律宾和拉美的"三角贸易"关系也因此形成。同时，西班牙还占据了墨西哥以南的广大拉美地区，进而把殖民势力从欧洲延伸至亚洲和拉丁美洲。于是，亚欧美之间物的交往网络形成。

1525年和1526年，西班牙人船队曾两次沿麦哲伦航线驶往菲律宾，但最终因风暴而沉船或部分人员返回。1559年，西班牙船队再次前往菲律宾，并找到一条返回墨西哥的海上航道。1565—1568年间，"在往返菲墨之间几次航行的基础上，终于形成了中国（海澄、泉州、广州等闽粤海港）—菲律宾（马尼拉）—墨西哥（阿卡普尔科）之间的太平洋贸易航路"[15]。从此，中国和拉美的海丝贸易之门被打开，中国器物被源源不断地输入菲律宾，再经过太平洋输入拉美国家。到了明代后期，中国港口贸易又开辟了"澳门—马尼拉航线""广州—秘鲁航线""广州—里斯本航线"三条国际海上航线[16]。第一条航线，即自澳门到马尼拉国际贸易的海上贸易路线。"万历十二年（1583年），西班牙允准葡萄牙商人和中国商人自澳门到马尼拉进行合法贸易。这样，一条世界上最长的大三角海上丝绸之路贸易航线得以形成。"[17]第二条航线，即广州起航经澳门出海，到马尼拉中转直至拉丁美洲墨西哥的阿卡普尔科和秘鲁的利马航线，这是一条漫长的太平洋海上丝绸之路。1573年从马尼拉驶往阿卡普尔科的两艘大帆船中，就载有中国瓷器22300件。[18]第三条航线，即从广州起航，经澳门出海至果阿（印度），再到里斯本（葡萄牙）的贸易航线。这三条航线上的国际贸易除了"广州—秘鲁航线"明显地直接与拉美国家有关之外，另外两条国际航线也间接地与拉美国家有关。"澳门—马尼拉航线"是中国和拉美航线的跳台，澳门和马尼拉成为中国器物运往拉美国家的中转站；"广州—里斯本航线"上运往印度和葡萄牙的中国器物，也被葡萄牙人带到拉美国家。明代后期多条海上丝路国际航线的开通，也为中国器物流通至拉美国家提供绝佳的契机。中国和拉美国家的商业贸易开始活跃，其物质交往由此向太平洋上逐步展开并深入延展。

16—18世纪，马尼拉先后沦为西班牙、葡萄牙等欧洲国家的殖民地，而马尼拉与当时的中国本就有朝贡关系，因此就成为中国商品输往欧美的中转站。16世纪中晚期，"华人通过马尼拉－阿卡普尔科贸易开始陆续抵达拉丁美洲。当时，菲律宾的华商转运销往墨西哥的瓷器、丝绸和其他奢侈品，用以换取后者丰富的白银矿产，另一个目的国是古巴"[19]。美国学者威廉·舒尔茨（William Lytle Schurz）在《马尼拉大帆船》中如是写道：

"日本、中国、东印度王国和从马来半岛东南到享有盛誉的马鲁古的一系列岛屿，都以马尼拉为中心形成一个巨大的半圆。就主要产地的距离而论，马六甲、澳门或巴达维亚都没有如此优越的地位。"㉒可见，马尼拉在整个海上贸易国际航线上具有重要地位，扮演着欧美和拉美等地贸易商品集散地的角色。塞维利亚文献记载："马尼拉城建造在马尼拉河的旁边，那时候，从中国来了三艘船，船上满载货物。"㉑显然，这是中国与马尼拉之间海上贸易最为直接的描述。或者说，马尼拉成为名副其实的将中国器物运往欧美的中转站。1571 年西班牙非法侵占菲律宾，后于万历三年（1575 年）开辟了自广州起航经澳门出海，到马尼拉中转直至拉丁美洲的墨西哥阿卡普尔科和秘鲁的利马航线。《三洲日记》记述："查墨国记载：明万历三年即西历一千五百七十五年曾通中国，岁有帆船数艘，贩运中国丝绸、瓷、漆等物至太平洋之亚冀巴路商埠（即阿卡普尔科港），分运西班牙各岛（指西属拉丁美洲各殖民地，特别是指加勒比海诸岛）。其时墨隶西班牙，中国概名之为大西洋。㉒查墨国，即今墨西哥。1685 年，查墨国的阿卡普尔科港已建立唐人街。1575 年，中国商船抵达查墨国，大量销售中国的漆器、瓷器、丝绸等贵重货物，阿卡普尔科港也成为中国器物转运加勒比海西属殖民地各岛的中转站。沙丁等著的《中国和拉丁美洲关系简史》中描写："1573 年菲岛殖民当局开始向西班牙国王建议由墨西哥派商人来菲贸易……1574 年有两艘马尼拉帆船驶往墨西哥，船货中只有价值二三万比索的少量中国商品，包括绸缎 712 匹，棉布 11300 匹，瓷器 22300 件等。"㉓从此，中国和拉美开始了以菲律宾马尼拉为中转站的海上丝路贸易。在 16—17 世纪，从广州港起航，经澳门出海至印度果阿，再到里斯本航线的海上丝路贸易航道十分繁忙㉔。特别是运往海外的瓷器、漆器等货物被海外民众奉为异域之花，使用中国器物成为拉美上层社会生活的时尚风潮。

2. 官方贸易

三角贸易和马尼拉帆船贸易是 16—18 世纪中国和美洲国家的主要贸易体制，这种贸易体制的特点是依赖第三方贸易中转，这期间有很多的不便与麻烦，也增加了海上运输中转的费用。伴随欧洲工业革命的深入发展，大量的工业产品需要向全球市场扩张与延伸，然而 18 世纪后期的清朝政府又实行了闭关锁国之政策。无疑，中国的贸易政策无法满足欧洲殖民市场的开拓。当时欧洲国家正处于世界范围内的殖民扩张与文化拓展之高潮，西方列强在资本与资源的诱惑下，俨然放弃欧洲文明与道德基准，对东方的殖民扩张变得肆无忌惮，对拉美国家的资源掠夺与殖民扩张更是接近疯狂，并强行打开中国大门，强迫与中国直接发生官方贸易往来。

1784 年，美国第一任总统乔治·华盛顿（George Washington，1732—1799 年）派出"中国皇后号"商船远航中国，或正式开启了中美早期的海上商业贸易（卡洛琳·弗兰克认为，中美贸易或开始于独立战争后）。从此，中国的漆器、瓷器、丝绸、纸张、家具、牙雕等工匠文化被源源不断地输入美国，成为普通美国民众日常生活中使用或欣赏的美学对象，中华诸物也日益成为中美交往的"大使"。或者说，18 世纪的中华传统工匠文化已然成为美国人对中国的迷恋对象，也是美国人最早认知中国的重要艺术对象。美国人赖德烈（Kenneth Scott Latourette）在《早期中美关系史（1784—1844）》中如是描述："1784 年 2 月 22 日'中国皇后'号带着国会颁发的一张船证作保护而出发了……于 8 月 28 日碇泊于广州的港口黄埔。"[25] 这次来华的美国商船"中国皇后"，是由纽约港口出发，经威德角群岛航行至好望角，再转至广州黄埔港。清代的南京、广州、厦门、泉州等港口为美洲航线的主要碇泊港，特别是广州港是当时最为繁忙的国家性大港口，海外输出贸易吞吐量很大。至 1784 年底，返回美国的"中国皇后号"带回了大量的丝绸、布匹、漆器、瓷器、牙雕、茶叶等中国货物，令美国民众争相购买，尤其是精美的漆器、瓷器、丝绸等中国匠作之货物广受美国民众的欢迎。美国人卡尔·克罗斯曼（Carl Crossman）指出："虽然杜德利·皮克曼极大部分投资于丝绸，但是他似乎更关心他的小订单。在他的信里，最重要的是两套漆器托盘或碟子，这些漆碟尺寸固定，每套六个。"[26] 从卡尔·克罗斯曼描述的"小订单"可以看出，美国人不仅对中国丝绸感兴趣，还对中国漆器感兴趣。1800 年，Minerva 商船上运有 5 箱漆器。对于 1815 年来广州的"新冒险号"，漆器商提供了两对果篮，与之相匹配的是 6 打果盘和 5 个茶盘。1816 年"波士顿轹轲号"的发货清单上有 60 个 51 美元茶盒、10 个 25 美元茶盒和 1 个女士高级梳妆镜等。[27]

19 世纪，拉美在沦为英国、美国殖民地之后，与清政府建立了正式官方贸易关系，并与秘鲁、巴西、墨西哥等先后签订了《中国—秘鲁通商、航

▲ 图 3-2 "中国皇后号"帆船

海友好条约》（1874年）、《中国与巴西友好、通商、航海条约》（1880年）、《中墨和好通商行船条约》（1889年），从而结束了三角贸易体制，正式走向和中国的直接官方贸易，从而加速了中国和美洲国家的物质交往，并促进了中国和拉美民众的物质交往与精神交往。

3. 民间贸易

除了官方贸易之外，中国和拉美国家的早期贸易方式还有民间贸易，其中走私贸易是中国和拉美国家贸易的民间体制。"在商业方面，尽管西班牙王室对古巴采取了垄断政策，但是，由于烟草、糖、畜牧业等的不断发展，以及英、法、荷、美等走私贸易的活跃等因素，古巴的商业还是日益繁荣起来。单以走私而论，从16世纪末开始，法国、英国和荷兰的船只就停泊在古巴海岸，带来了亚麻布、丝绸和其他制造品，以换取当地的烟草、皮革和靛蓝，走私贸易已成为一种正常的商业活动。1764年，卡洛斯三世贸易法令对古巴垄断政策的放宽，更进一步促进了古巴商业的发展。"㉘可见，走私贸易是欧洲殖民者相互竞争的结果，也与中国的"禁海政策"密切相关。

从三角贸易到官方贸易，再到民间贸易，中国和拉美国家的早期物质交往持续了250多年，中国数以万计的器物被运往美洲国家。这正如美国学者威廉·舒尔茨描述的那样，"两个半世纪来，大帆船年复一年地航行在菲律宾马尼拉和墨西哥阿卡普尔科之间漫长而孤独的航程上。没有任何一条航线能持续如此之久，没有任何一种正规的航行像它那样艰难危险，250年里，它承受了几十艘船、成千上万人和数百万计的财物"㉙。可以想象，这些商船、商人、工匠和器物在美洲国家必然会产生深远的影响，或改变了美洲民众的生活方式，或提升了美洲民众的文明水平。

三、 美洲人对中国物的外化性接受

伴随海丝贸易的推进，中国物源源不断地流向美洲，被传播、吸纳至美洲人的普通家庭。约翰·霍布森认为："我们需要恢复东方经济活力以及东方在西方崛起过程中所发挥重要作用的历史。……两种相互联系的观点——一方面是东方的作用和对先进的东方'资源组合'通过东方全球化的吸收，另一方面是欧洲的动力／身份以及对东方资源的攫取，这两者的融合就构成了东方化西方的兴起这一不为人知的历史发现。"㉚换言之，作为东方资源的中国物在东方化西方的兴起中发挥出时空缔造的动力作用，这首先表现在美洲人对中国物的外化性接受层面。所谓"外化性接受"，即主要从身份象征、格调模仿、趣味想象等浅表性美学层面的一种形式化接受。

1. 身份象征

18世纪以后，美国与中国已经建立了正常的海上丝路贸易，并大规模从中国的广州港以及南京等地区进口中国匠作物品。尤其是"广瓷"和"南京式样"等中国特色器物被源源不断地输入美洲。

就装饰形式看，中国物在形式美上独具奢华的风格，很容易被美洲居民外化性接受。来自中国的各色漆器、瓷器等用具成为美洲人的生活奢谈对象及财富身份象征。来自东方中国的瓷器、漆器成为当时美国人一种高贵、财富与自豪的符号。如此说来，他们在消费中国精美的瓷器、漆器的同时，也在体验来自东方格调的奢华艺术，因为奢华的瓷器、漆器就是精致的中国艺术和中国美学的载体，无论是中国瓷器、漆器变幻莫测的纹样，还是极富东方格调的匠作艺术，无不显示出中国匠作物品高贵、奢华的美学格调与艺术境界。更令美国民众惊讶的是，这些精美的器具在当时也不算太贵，普通家庭是能接受的。乔纳森·戈尔茨坦记载："十九世纪初叶，波士顿和赛伦住宅中的所有陈设，大约有十分之一至五分之一是从中国来的。一些居民认为，这种估算是相差不大的。此外，中国对费城地区的影响并不限于城内头等人家。早期运到宾州来的大多数中国物品，较为贫穷的人家，也都是有的。"[31]想必当时的美国普通家庭以及美国市场一定充塞大量的中国器物，并引以为豪，它们或成为普通人的炫耀对象。

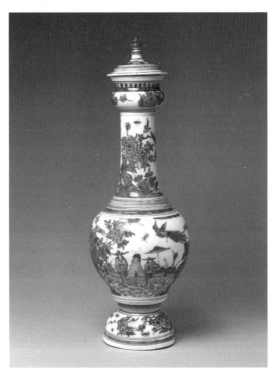

▲ 图3-3　美国纽约大都会博物馆藏18世纪中国风瓷器

2. 格调模仿

　　除了财富的外化性接受之外，美洲居民十分痴迷于中国的审美格调或风格。美洲人对中国格调的模仿是一种外化性艺术行为，主要表现在对中国物质格调美学形式的模仿消费。伴随中国工匠来到拉美国家，并在太平洋海上丝路贸易中物质交往的影响下，在 17 世纪的拉美国家，具有中国风格的瓷器成为他们建筑的材料。譬如，"墨西哥城的'瓷宫'就是殖民时期保存下来的带有中国风格的著名建筑物之一，它用的瓷砖敷料全部是来自中国的产品"㉜。同时，瓷器也成为他们日常生活中最为显赫的装饰品。更有甚者，在墨西哥和利马等城市，"有时中国瓷器甚至可以充当货币抵偿向官方缴纳的税金"㉝。可见，瓷器在拉美的价值不仅表现在生活领域，还表现在经济领域。

　　中国家具成为美国人的挚爱，抑或是一种高雅格调的消费对象。在18—19 世纪，拥有一间中国格调的房间或成为普通美国人的一种高雅情趣的追求。所谓"中国格调的房间"，即用中国格调的室内陈设装点的房间，尤其是用中国的屏风、沙发、柜橱、果篮、瓷器、漆器等装点的空间。《中国贸易》一书记载："威廉莫斯堡的那些沙发明显就是采用中国的木材和中国的制作工艺。它的设计优美……另外还有两个类似的沙发，一个在温特苏尔，另一个在新英格兰古迹保护协会总部，它们在结构和设计上纯然一致，但它们分别用黑漆，应用像漆器家具的金色葡萄叶装饰……这种形状的家具在 1880—1815 年这一时期几乎是无人知晓的。因此，它们无疑是中国生产的。"㉞即便是在 19 世纪后期，居住在中国的西方人的房间也充塞中国风格的家具㉟，他们享受着中国美学格调。以至于一位美国记者这样写道："中国的斑点点缀于我们的日常生活中，这一点可谓老少皆知。一个多世纪以前，由新英格兰航海家引进的中国式的房屋装饰风格作为一种时尚，至今还伴随着我们。"㊱今天，在美国的许多博物馆、收藏家那里，还能看到各式各样的漆器家具，有竹家具，也有木家具，包括清式漆座椅、漆橱柜、漆梳妆台、漆果篮等。可见，中国物质文化在早期广受美国人的喜爱，并应用于日常生活之中。早期的美国民众在消费中国家具的同时，也在消费来自中国的美学思想与格调。另外，拉美的家具陈设以及建筑的东方格调也是明显的。在明清时期，中国艺术格调对拉美民众的消费与审美产生了不小的影响。譬如在巴西的建筑空间，同样充塞东方器物文化的格调。譬如，"萨瓦拉的一座圣母院内，小教堂的塔楼不仅与亚洲的宝塔形状相似，而且装饰其托座的图案具有明显的中国风格"[⑰]。毋庸置疑，拉美国家的宗教建筑风格是中拉在海丝贸易中接触与交往的产物。

3. 趣味想象

在明清时期，中国皇帝对屏风的酷爱以及大量生产，引起了美国人的关注、喜爱和想象，尤其是屏风具有的中国绘画叙事特征激发了美国人的艺术想象与美学趣味。屏风是用来隔断空间的一种室内陈设。这种会移动的屏风无疑对美国人的生活习惯以及审美情趣产生重要影响，尤其是对他们对于空间的理解及空间美的认识产生潜移默化的影响。美国人房龙在《房龙地理》一书中道出了其中的真谛："中国的绘画、雕塑、陶器和漆器很适合进入欧洲和美洲的家庭，但是印度的作品即使是放在博物馆里也会打破和谐，并且使人感到不舒服。"[⑱]房龙的叙述确证了中国屏风在美国室内使用起到了"和谐空间"及美化空间的作用。抑或说，中国传统屏风是欧美日常生活空间中具有很强适用性、审美性的物件，它能"使人感到舒服"，能融入空间。

在 18 世纪，随着中国僧侣和建筑工匠来到拉美国家，中国宗教艺术在拉美的传播影响了当地的教堂装饰，以对壁画艺术的影响最为典型。在 19 世纪初，中国绘画文化沾溉由美国远及墨西哥，特别是墨西哥虽然当时受"表现理想社会艺术"的影响，但"民众仍然非常喜欢组画、漆器、宗教仪式用的面具和龙舌兰酒店的壁画等这些乡土作品"[⑲]。墨西哥著名画家西凯罗斯（Siqueiros, David Altaro, 1896—1974 年）颇受中国漆画艺术影响，"在运用源于哥伦布到达以前时期雕刻的人体形态方面，西凯罗斯显示出娴熟的技巧。他喜欢使用新型材料作画，如加漆的颜料。洛杉矶艺术中心广场的几幅优秀壁画就出自西凯罗斯之手"[⑳]。毋庸置疑，拉美艺术家的创造明显受中国壁画和漆画的影响，常利用中国的漆材料作画，但东方中国的艺术在拉美的消费或只能是一种跨文化的趣味想象。

简言之，中国物质文化给美洲国家带来的影响是多方面的，不仅表现在手工业、商业、经济、艺术等领域，更多的是在生活方式及其文明发展上展现出中国器物在美洲的外在化接受的力量，也展现中国器物在世界文明生态体系中的功能与价值。

四、 美洲对中国物的内生性回应

当美洲文明遇到中华文明的时候，除了外化性接受回应之外，还明显带有内生性改造和重组。所谓"内生性改造和重组"，指的是文明体在外在文明影响下所做出的内在的文化创生与发展选择。约翰·霍布森认为："东方在公元500年后缔造了一种全球经济和全球联系网，这些更为先进的东方'资源组合'（resource portfolios）（如东方的思想、制度和技术），通过我称之为东方全球化的途径传播到西方，然后被其吸收。"[41] 很显然，美洲文化是多元的，具有异质性的混合结构特征，这主要得益于欧洲殖民者的扩张和美洲文化自身的双重影响。就殖民者而言，西班牙、葡萄牙、英国、荷兰等殖民者来到美洲国家之前，他们本身就在中世纪文明、文艺复兴以及阿拉伯文化等多元文化中浸染，呈现出混合结构性文化特质。就美洲土著文化而言，它本来就丰富多彩，新奇而不拘一格。因此，当中国文化和非洲文化被欧洲殖民者带到美洲国家之后，就被迅速地移植至美洲的土著文化之中，以至于欧洲文化、亚洲文化与美洲土著文化激烈碰撞，必然妥协性地内生出拉美多元的混合文化，即产生美洲资源文化的重组现象。资源重组是文明体内生性特质的选择与发展，彰显了文明自身优势以及对他者文明接纳与加工的能力。

1. 思想重组

墨西哥诗人布兰西斯·布雷特·阿特如是诗曰："……/ 每年来一次的中国船啊，/ 载来沉沉的橡胶、香料 / 和那么丰润的丝绸，/ 堆积在阿卡普尔科港口。/……"[42] 丰润的丝绸、精美的瓷器和精美的漆器，不仅给美洲带去生活消费的对象，更将中国的物质文化和思想传播至美洲国家。譬如，"墨西哥的塞万提斯家族和科尔蒂纳公爵等，为了夸耀其门第的显赫和高贵，都曾派专人赴华定制成套的'纹章'瓷"[43]。很显然，塞万提斯家族和科尔蒂纳公爵用瓷器、漆器、家具、屏风、橱柜、丝绸纺织品以及壁画组合了一个中国化的拉美空间。更进一步地说，一个属于塞万提斯家族和科尔蒂纳公爵式的等级思想被中国物放大或重组了。

最值得一提的是，中国物为美洲民众的艺术思想重组提供了技术基础与艺术媒介。大约在17世纪初，中国漆器或已被英国人带到美洲大陆。美国工匠在继承英国工匠文化的基础上开始本土化的漆器制造，并由此使用上令美国民众陶醉与神往的美国式样的漆器。在当时，美国"最好的一些漆器由波士顿的托马斯·约翰逊制作……在罗德岛与纽约，漆器的中心是哈特福特（Hartford）、康涅狄格（Connecticut）、纽波特（Newport）等地"[44]。与此同时，中国漆器很快在美国其他大城市被广泛接纳与使用，进而在一定的范围内改变了美国人的生活方式以及审美思想。1838年，美国商人内森·邓恩（Nathan Dunn）在费城举行了规模宏大的中国艺术展。[45]这次展览展出了中国的瓷器、漆家具、丝绸以及其他匠作物品等1200多件。这些匠作艺术品在美国的展出，近乎是一次中国思想与中国美学的全面展览，仅仅这些器物上的图像就能说明一切。这些图像的美学思想和内容包含了中国社会、生活、经济、风土、人情等诸多方面。当时的美国评论家西德尼·费希尔（Sydney Fisher）评论邓恩的中国艺术展时说，这次展览，近乎展出了"中国人生活的完美图像"[46]，它近乎是中国艺术思想在美国的又一次"回放"，或对美国民众产生深远的艺术思想熏陶。

2. 技术重组

在中国和拉美国家的物质交往中，丝绸占据很大的份额。"印第安人用土特产品交换中国货物，秘鲁的矿工也喜欢用结实耐穿的中国亚麻布缝制衣衫。"[47]随着中国丝绸以及亚麻布服饰在拉美国家的普及，拉美对蚕丝数量的需求越来越大。于是，拉美国家的养蚕业以及丝织业开始发展起来。中国的养蚕技术传入拉美国家之后，给当地的养蚕业带去深远影响，尤其是促进了拉美国家丝绸织业的快速发展。

在19世纪，受西班牙殖民统治的北安第斯国家厄瓜多尔的基多人特别喜欢仿制中国漆雕像，并善于重组中国工艺绘画技术，特别是吸纳、模仿和重组中国宗教雕像技术。"中国在雕刻方面的影响，不仅表现在宗教雕像使用玫瑰红的颜色上，而且也表现在使用描金技术上，这种方法就是先将雕像涂上金色的底色，然后涂上一层其他颜色的颜料，最后用刻刀在上面进行刻画。基多人特别想模仿东方的上漆方法并按照中国风格的配色使用红色、蓝色和绿色。"[48]厄瓜多尔的基多人在刻刀、用色及髹法上的工艺明显受到中

▲ 图3-4 美国纽约大都会博物馆藏元代观音像

国漆器技法的影响。另外，拉美印第安人手工艺中的中国色彩也十分显眼，即当地土著艺人对中国图案及色彩表现出十足的兴趣。"在殖民地的墨西哥的漆器和镶嵌金银的器饰上出现了中国式的图案，印第安工匠对这些图案特别的（地）爱好。"[49]这说明，拉美印第安人的艺术表现与工艺传承受中国艺术的影响，尤其是中国漆器或金银器的风格对印第安工匠在色彩、图案以及技法上的影响是多元的。中国和美洲的接触以及彼此的技术交流、重组和创生，其主要功绩归根于美洲的华人，尤其是华人工匠。"明清之际踏上拉丁美洲土地的马尼拉华人对当地经济、社会和文化的发展作出了自己的贡献。……更多的华人工匠、仆役和奴隶在拉丁美洲从事各行各业的生产劳动。这不仅有助于加强与扩大中拉之间的贸易和经济联系，促进双方生产经验与技术的交流，而且直接影响着当地人民的生活习俗与风尚，包括房屋建筑、家具陈设、室内装饰、饮食起居、游艺玩耍、节日娱乐等等，都不同程度地吸收了某些中国民间传统的风格与特色。"[50]很明显，这些带有中国技术风格的生活习俗与风尚是中拉物质交往的产物，是侨居在拉美的中国工匠技术与智慧的结晶，也是拉美工匠吸收中国工匠技术的产物。

3. 制度重组

在经济层面，中国和美洲的早期物质交往首先促进了美洲经济制度的重组。沙丁等在《中国和拉丁美洲关系简史》中介绍："1875 年秘鲁甘蔗的生产量比 1820 年增长了 35 倍以上。华工还努力改进制糖技术，使用真空平锅，大大提高了糖产量，由 1870 年的 251 吨激增至 1880 年的 8 万吨。棉花种植园的生产也得到迅速发展，使秘鲁向英国出口棉花的数量由 1865 年的 8937 英担增至 1873 年的 99492 英担。华工最集中的皮斯科 - 伊卡、利马和皮马拉等 3 个地区所产棉花在秘鲁棉花出口总额中分别占 42%、38% 和 14%，共占 94%，这说明华工是当时秘鲁棉花的主要生产者。"[51] 很显然，美洲的农业经济制度伴随殖民国家的到来发生了改变。其次，在市场经济制度方面，"十九世纪后期，随着拉丁美洲资本主义的成长和国内市场的扩大，华工和其他华侨越来越多地从乡村流入城镇，从事商业和手工业经营，他们大约占当时拉丁美洲华侨总数的三分之一左右。这个新兴的华商阶层，在各侨居国营业的规模从小本生意的摊贩到大的字号商行都有，但大多数是中小商人和手工业者"[52]。可见，华人在美洲市场制度形成方面起到推动作用。当然，经济制度的重组是双向的、互动的。明清时期的福建漳州"农贾杂半，走洋如适市"，福建龙溪"机杼轧轧之声相闻"。同时，"在我国商品经济比较发达的东南沿海地区，墨西哥银元得到了广泛的流通，并一度成为我国通行的银币。这大大促进了我国商品货币关系的发展，直接推动了我国由使用银两到使用银元的币制改革，对我国商品经济的扩大起了积极的作用"[53]。很明显，拉美国家的工商业文化也回溢影响中国经济文化，给中国社会经济制度发展带来深刻影响。

在社会层面，中国和美洲的接触与交往对古巴等国家的独立战争也起到推动作用。譬如，"在十九世纪后期古巴人民进行的两次反对西班牙殖民统治的民族解放战争中，华工、华商和其他华侨同古巴人民并肩战斗，流血牺牲，对古巴最后赢得独立起了非常重要的作用。其中有 17 名华侨战士，由于立下了卓越的功勋，在古巴独立后还光荣地被授予可以充当古巴总统候选人的资格"[54]。这说明，古巴华工反对西班牙殖民统治的斗争，使古巴人逐渐认识到摆脱奴役和争取自由的重要性。

综上所述，中国和美洲接触与交往的历史悠久，中国文明和美洲文明的互动性和互鉴性显示出全球国家的文明是相互传播与吸收的。诸如"文明中心论""文明冲突论"和"文明同质论"的论调显然是有偏见的，中华文明在全球文明史框架中的价值是不容忽视的。在研究中，至少能得出以下启示。

第一，全球文明绝不可能在孤立或静止状态中发展。正如约翰·霍布森所认为的，"这种常见但却富有欺骗性的欧洲中心论，从各个方面来说都是错误的，至少可以说，东西方从公元500年开始就通过全球化一直联系在一起"⑤。自从美洲人的生活中有了中国磨子、瓷器、漆器、丝绸等，他们的审美、时尚和格调俨然被改变了。这些华物不仅给美洲人带去了生活必需物，还带去了中华文明。来自东方的中国风物与格调成为当时美洲人的一种生活时尚和美学趣味，中国文明与美洲文明在此相遇、体认和回应。华物也因此从普通的商品物或生活物演化成为思想物、制度物和文明物的可传播符号，并在美洲文明血液里流淌，发挥生命功能。

第二，物质交往（或贸易交往）是丝路交往的主要基础，文明交往是丝路交往的最高形态，在全球各大文明的接触、交流与互鉴中构筑人类命运共同体是丝路交往的根本宗旨。从接触互鉴到天下大同是丝路文明交往的基本经验与基础性意义。正如费孝通先生所言，"各美其美，美人之美，美美与共，天下大同"⑥。换言之，丝路文明互鉴的基础性意义可表述为："各美其美"是丝路交流与互通的根本意义，"美人之美"是丝路互鉴与互补的关键所在，"美美与共"是丝路互生与互存的共同理想，"天下大同"是丝路文明互鉴的价值追求。

第三，全球文明的内生性特质与其他文明的互动性特质是不矛盾的，在文明的互动中激发文明的内生性潜质，在内生性创生中不断唤醒互动性理想。因此，文明只有在内生性和互动性的对话中才能健康发展。约翰·霍布森指出："东方一直是被动的旁观者，是牺牲品，或是西方权力的承受者，因而东方从世界发展史中被边缘化也是合理的。"⑦换言之，文明发展内生性被动是危险的，长此以往会被边缘化。但丝路文明接触与交往的运行机制告诉我们：对于文明接触中的中心主义、形象主义、霸权主义、结盟主义等狭隘思想是要防范的，也要十分警惕单边主义交往理论所带来的危害。

润物：全球物的交往

注　释

① 沃尔夫.欧洲与没有历史的人民［M］.赵丙祥，刘传珠，杨玉静，译.上海：上海人民出版社，2006：7.

② 傅朗云.通往美洲的丝绸之路［J］.黑龙江民族丛刊，2001，（03）：116.

③ 刘明翰，张志宏.美洲印第安人史略［M］.北京：生活·读书·新知三联书店，1982：3.

④ 傅朗云.通往美洲的丝绸之路［J］.黑龙江民族丛刊，2001，（03）：116.

⑤ 朱谦之.哥伦布前一千年中国僧人发现美洲考［J］.北京大学学报（人文科学版），1962，（04）：57.注：引文中的"埃斯基摩人"为"因纽特人"的旧称。

⑥ 沙丁，杨典求，焦震衡，等.中国和拉丁美洲关系简史［M］.郑州：河南人民出版社，1986：28—29.

⑦ 傅朗云.通往美洲的丝绸之路［J］.黑龙江民族丛刊，2001，（03）：116.

⑧〔唐〕杜佑.通典［M］.王文锦，王永兴，刘俊文，等点校.北京：中华书局，1988：5491.

⑨ 傅朗云.通往美洲的丝绸之路［J］.黑龙江民族丛刊，2001，（03）：114.

⑩ 沙丁，杨典求，焦震衡，等.中国和拉丁美洲关系简史［M］.郑州：河南人民出版社，1986：102.

⑪ 傅朗云.通往美洲的丝绸之路［J］.黑龙江民族丛刊，2001，（03）：116.

⑫ 沈福伟.中西文化交流史［M］.上海：上海人民出版社，2014：337.

⑬ 沙丁，杨典求，焦震衡，等.中国和拉丁美洲关系简史［M］.郑州：河南人民出版社，1986：107.

⑭ 威尔逊.拉丁美洲的东亚移民［J］.万红，译.世界民族，2005，（05）：57—58.

⑮沙丁，杨典求，焦震衡，等.中国和拉丁美洲关系简史［M］.郑州：河南人民出版社，1986：47.

⑯潘天波.漆向大海：古代海上丝绸之路漆艺文化研究［M］.福州：福建美术出版社，2017：261.

⑰黄启臣.广东海上丝绸之路史［M］.广州：广东经济出版社，2003：376.

⑱欧志培.中国瓷器到美洲［J］.百科知识，1980，（05）：30.

⑲威尔逊.拉丁美洲的东亚移民［J］.万红，译.世界民族，2005,（05）：57.

⑳Schurz W L. *The Manila Galleon* ［M］. New York: E. P. Dutton & Co., 1959: 27.

㉑菲律乔治.西班牙与漳州之初期通商［J］.薛澄清，译.南洋问题资料译丛，1957，（04）：44.

㉒〔清〕张荫桓.张荫桓日记［M］.任青，马忠文，整理.上海：上海书店，2004：235.

㉓沙丁，杨典求，焦震衡，等.中国和拉丁美洲关系简史［M］.郑州：河南人民出版社，1986：56.

㉔黄启臣.广东海上丝绸之路史［M］.广州：广东经济出版社，2003：478.

㉕赖德烈.早期中美关系史（1784—1844）［M］.陈郁，译.北京：商务印书馆，1963：10.

㉖Haas R B, Crossman C L.*The China Trade*：*Export Paintings*, *Furniture*, *Silver & Other Objects* ［J］.*The American Historical Review*, 1974, 79（3）.

㉗Haas R B, Crossman C L.*The China Trade*：*Export Paintings*, *Furniture*, *Silver & Other Objects* ［J］.*The American Historical Review*, 1974, 79（3）.

㉘李春辉.拉丁美洲史稿：上册［M］.北京：商务印书馆，1983：501.

㉙Schurz W L. *The Manila Galleon* ［M］. New York: E. P. Dutton & Co., 1959: 15.

㉚霍布森.西方文明的东方起源［M］.孙建党，译.济南：山东画报

出版社，2009：5.

㉛戈尔茨坦．倪从泉，译．费城与中国贸易，1682—1846 年——商业、文化及态度的作用［M］// 中外关系史学会，复旦大学历史系．中外关系史译丛：第四辑．上海：上海译文出版社，1988：251.

㉜沙丁，杨典求，焦震衡，等．中国和拉丁美洲关系简史［M］．郑州：河南人民出版社，1986：110.

㉝沙丁，杨典求，焦震衡，等．中国和拉丁美洲关系简史［M］．郑州：河南人民出版社，1986：69.

㉞Haas R B， Grossman C L. *The China Trade*： *Export Paintings*， *Furniture*， *Silver & Other Objects*［J］. *The American Historical Review*， 1974， 79（3）.

㉟Haas R B， Grossman C L. *The China Trade*： *Export Paintings*， *Furniture*， *Silver & Other Objects*［J］. *The American Historical Review*， 1974， 79（3）.

㊱Isaacs H R. *Scratches on our minds*： *American images of China and India*［J］. *Far Eastern Survey*， 1958， 28（2）：31—31.

㊲刘文龙．拉丁美洲文化概论［M］．上海：复旦大学出版社，1996：45.

㊳房龙．房龙地理（下）［M］．杨禾，编译．北京：金盾出版社，2014：72.

㊴陈－罗德里格斯．拉丁美洲的文明与文化［M］．白凤森，杨衍永，刘德，等译．北京：商务印书馆，1990：296.

㊵陈－罗德里格斯．拉丁美洲的文明与文化［M］．白凤森，杨衍永，刘德，等译．北京：商务印书馆，1990：299.

㊶霍布森．西方文明的东方起源［M］．孙建党，译．济南：山东画报出版社，2009：3.

㊷转引自：许必华．漫游印第安之邦［M］．合肥：安徽人民出版社，1983：320.

㊸沙丁，杨典求，焦震衡，等．中国和拉丁美洲关系简史［M］．郑州：河南人民出版社，1986：111.

㊹Impey O. Chinoiserie： *The Impact of Oriental Styles on Western Art and Decoration*［M］. London： George Railbird Ltd.， 1997：117—118.

㊺ Owyoung S D.*East Asian Art and American Culture*： *A Study in International Relations. By Warren I. Cohen.New York*：*Columbia University Press*，*1992.Pp.xxi*+264.［J］. *The Journal of American-East Asian Relations*，1994，3（3）：296—297.

㊻ Jensen A L.*Philadelphians and the China Trade*，1784—1844，*by Jean Gordon Lee*，*Philip Chadwick Foster Smith*［J］. *The William and Mary Quarterly*, 1985, 42(1):158—160.

㊼ 沙丁，杨典求，焦震衡，等．中国和拉丁美洲关系简史［M］. 郑州：河南人民出版社，1986：69.

㊽ 陈－罗德里格斯．拉丁美洲的文明与文化［M］. 白凤森，杨衍永，刘德，等译．北京：商务印书馆，1990：293.

㊾ 派克斯．墨西哥史［M］. 瞿菊农，译．北京：生活·读书·新知三联书店，1957：81.

㊿ 沙丁，杨典求，焦震衡，等．中国和拉丁美洲关系简史［M］. 郑州：河南人民出版社，1986：110.

(51) 沙丁，杨典求，焦震衡，等．中国和拉丁美洲关系简史［M］. 郑州：河南人民出版社，1986：175.

(52) 沙丁，杨典求，焦震衡，等．中国和拉丁美洲关系简史［M］. 郑州：河南人民出版社，1986：177.

(53) 沙丁，杨典求，焦震衡，等．中国和拉丁美洲关系简史［M］. 郑州：河南人民出版社，1986：90.

(54) 沙丁，杨典求，焦震衡，等．中国和拉丁美洲关系简史［M］. 郑州：河南人民出版社，1986：180.

(55) 霍布森．西方文明的东方起源［M］. 孙建党，译．济南：山东画报出版社，2009：2.

(56) 费孝通．全球化与文化自觉：费孝通晚年文选［M］. 方李莉，编．北京：外语教学与研究出版社，2013：32.

(57) 霍布森．西方文明的东方起源［M］. 孙建党，译．济南：山东画报出版社，2009：4.

第四章

-

物的交往：
中国器物与
非洲镜像

在全球史视野下，丝路交往是全球交往的典型样态。在中非丝路交往中，伊斯兰移民及其财富追求与城邦崛起是中非丝路交往发生的基础，朝贡、贸易和游历成为中非丝路交往的主要路径。流动的中国器物以特有的物的表达和匠的精神传递给非洲民众以造物理念、审美思想和人文精神。非洲民众对中国器物及其技艺的想象不仅激活了他们艺术创造的冲动与智慧，还创生了新的艺术样式和文明生态。传播至非洲的中国器物，不仅能镜像出非洲的社会结构、宗教信仰及艺术思想，还能镜像出非洲民众对中国文明的接纳与转换，显示出中非文明互鉴的历史经验与交往逻辑。澄明此论，对当代全球国家治理以及处理国际关系具有启发意义。

在人类文明史上，位于东半球西部的非洲是古人类的一脉发祥地，其中非洲北部的埃及还是世界文明古国之一。非洲各民族创造了辉煌的古代文明，在工匠文化领域更显示出优秀的创作品质和非凡智慧，尤其在岩画、壁画、建筑、雕塑、纺织、采矿等方面取得了令世人赞叹的成就。北非金字塔、西非出土的赤陶雕塑、中南部非洲的古人类灌溉工程遗址、恩加鲁卡古城遗址、大津巴布韦石头建筑物遗址等，均显示出古代非洲文明傲人的历史，展示出古代非洲人民卓绝的艺术智慧和劳动精神。

濒临印度洋的非洲东海岸自古贸易发达，早期的阿拉伯移民在此依海而居，并建立了城邦，大力发展海上商业贸易。但自 15 世纪开始，西方殖民者侵入非洲，给非洲民众带去了难以想象的灾难，不过也加速了非洲与世界人民的交往和联系。譬如，就在西班牙人到达非洲的 15 世纪左右，非洲与中国的丝路交往也进入了繁盛时期。尤其在中非丝路贸易中，频繁的器物交往给非洲民众生活及文明发展带来的影响是深远的。尽管学界对中非交往中的伊斯兰陶瓷[①]、中国帆船[②]、中国形象[③]、国际关系[④]、丝路贸易[⑤]、考古文物[⑥]、交往互鉴[⑦]等展开研究，但较少在全球史的视野下探讨丝路交往中的中国器物的功能与价值，也较少关注中非文明互鉴中镜像出的早期非洲的社会结构及文明生态。或者说，全球史研究应该多关注器物文明在全球交往中的功能与价值。

在接下来的讨论中，笔者将以早期中非丝路交往留下的古遗迹或古器物为切入点，在跨文化的全球史视野下，较为详细地考察早期中非丝路交往中国器物的展开、传播与体认，尤其是集中考察中非交往中物的想象和技术的想象，进而析出中非文明互鉴的历史经验与交往逻辑，以期彰显中非丝路交往中中国器物的功能与影响，充分展示器物文明在中非丝路交往中的互鉴作用与价值，凸显出中非器物文明互鉴的全球性典范的意义。

一、 古瓷镜原：中非丝路交往的关键锁链

在方法论上，古人治史倡导"格致"先"镜原"。同样，对早期中非丝路交往史的"镜像"，势必先将中非丝路交往史的镜原作为考察的起点。所谓"镜原"，即镜像或考察最初的知识系统的本原。在阐释系统上，镜原可以是知识研究的切入点，也可以是研究历史的逻辑线索。就中非丝路交往而言，古瓷或外销瓷或是最为活跃的镜原对象。譬如，从桑给巴尔岛卡金瓦出土的 176 枚中国宋钱和大量瓷片[⑧]，或可镜像这里曾有中国古瓷的输入。

在非洲大陆，这里确乎是"中国古瓷的宝库"。《中国古瓷在非洲的发现》[⑨]研究显示，中国古瓷的发现涉及非洲 17 个国家和地区的 200 多个地理地点，且中国古瓷的出土数量多、瓷种繁、分布广，显示中非瓷器交往与使用的延续时间长。毋庸置疑，非洲发现的中国古瓷是丝路交流最有力的证据，它是见证中非丝路交往最有力的镜原对象。

1. 建筑遗迹古瓷

龙泉窑古瓷是销往非洲的大宗商品之一，在靠近红海的北非和临近印度洋的东非均考古发现龙泉窑古瓷。就出土空间而言，中世纪的东非贸易港口城市及距离其不远的内陆城市的宫殿、清真寺、贵族邸宅和柱墓，以及城市建筑废弃点等出土的龙泉窑古瓷最多；就出土数量和器型而言，在非洲发掘出土的元代龙泉窑古瓷的数量多，尤以瓷碗、瓷盘、瓷罐等类型的古瓷为最多；就古瓷用途而言，出土的中国古瓷除了大量地作为日常饮食器之外，还较多地被使用于宫殿、邸宅、清真寺、柱墓等建筑空间，即用于建筑装饰或室内陈设；就古瓷生产年份而言，在非洲出土的龙泉窑瓷器的年代为北宋至明代中期，其中元至明代早期的龙泉青瓷占出土中国外销瓷器数量的首位。明代随着青花瓷的发展，龙泉窑瓷器逐渐被江西景德镇和福建等南方窑场生产的青花瓷所取代，明中期以后基本不见[⑩]。因此，明代中期之后的龙泉窑瓷器

在非洲也不多见。

　　建筑遗迹是人类居住及日常活动的空间的遗存，它是反映人类自我空间生存活动及文明程度的窗口。因此，陶瓷作为建筑空间的元素或镜像原再现了人类活动场景及其社会交往历史。城市附近的宫殿、清真寺、官邸、柱墓等建筑遗迹空间内的中国古瓷，或能镜像出当时民众的丝路交往历史以及对自我空间装饰的美学趣味与人文偏向。

2. 墓葬遗址古瓷

　　早在公元6—7世纪，中国瓷器就被运往非洲[①]，进入非洲普通民众家庭，而大规模的瓷器输入非洲的时间在9—10世纪[②]。根据在埃及、肯尼亚、埃塞俄比亚、索马里、坦桑尼亚、津巴布韦、赞比亚、刚果等地墓葬出土的中国瓷器和瓷片判断，大约从晚唐至清代的各个时期，中国瓷器均有输出。在非洲的墓葬里，俨然出现一种中国古瓷遗址景观。

　　在埃及开罗福斯塔特古墓遗址发掘出土的中国陶瓷残片约有1.2万块，陶瓷类型多、分布广，含及中国唐、宋、元、明、清各个朝代的古瓷。古瓷的种类也十分广泛，有河北邢窑的白瓷、景德镇的青白瓷、浙江龙泉窑的青瓷、安徽的黄釉瓷、长沙的釉下彩青瓷等。[③]在肯尼亚，马林迪区域的曼布鲁伊遗址和马林迪老城古墓遗址出土了大量的中国瓷片以及伊斯兰釉陶片[④]。在肯尼亚北部海岸的乌瓜纳古墓遗址发掘的瓷器有299件，出土的中国瓷器主要收藏在三蒙巴萨的耶稣堡博物馆、法庭仓库和拉穆城堡博物馆[⑤]。其中，南宋时期瓷器14件（龙泉窑5件、福建窑5件、广东窑1件和景德镇窑3件），南宋至元代瓷器14件（龙泉窑6件、福建窑6件、景德镇窑2件和不明器型1件），元代瓷器73件（龙泉窑50件，福建窑23件），元末明初的瓷器14件（其中龙泉窑13件），明代早期瓷器37件（其中龙泉窑32件），明中期瓷器27件（景德镇窑20件，龙泉窑7件），明后期景德镇瓷器57件，清代景德镇窑瓷器5件。上述肯尼亚出土的古瓷器型有瓷碗、瓷盘、瓷罐、瓷钵、瓷洗等，以青瓷或白瓷为主。在肯尼亚东海岸中部马林迪市西南约15千米处的格迪古城遗址[⑥]也出土了大量的中国瓷器。中国著名学者秦大树团队曾对该遗址进行过调研，调查与考察了大约1257件瓷器的产地和时代，产地主要有广州窑口、龙泉窑口、福建窑口、磁州窑口、景德镇窑口等，

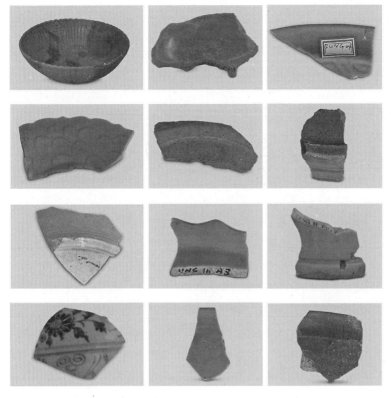

▲ 图4-1　肯尼亚乌瓜纳遗址出土的中国瓷片

时间横跨南宋至清代，器型有瓷碗、瓷壶、瓷罐、瓷洗、瓷瓶、瓷盘、瓷盆、瓷杯等。

　　墓葬是人类死后的冥界空间，是死者生前日常空间的"再设计"或对未来生活的"概念设计"。因此，埃及、肯尼亚等非洲墓葬出土的中国古瓷显而易见是非洲人生前的遗物或陪葬品，或显示出非洲人对中国陶瓷在墓葬空间使用中的时间性象征意义——或权力，或财富，或宗教，也当然能镜像出中非丝路交往中的陶瓷贸易、生产、传播等历史场景。

3. 沉船出水古瓷

2001 年，在南非莫桑比克圣塞瓦斯蒂安港附近，曾发现一艘葡萄牙船 Espadarte，该船载有"嘉靖年造""癸丑年造"（嘉靖三十二年，1553 年）等款纪年瓷器等。Espadarte 沉船所出水"折枝花杂宝纹边饰"瓷盘，与"南澳 I 号"（或为隆庆前后沉船）[17] 所出"丹凤朝阳"瓷盘非常相似，另外 Espadarte 沉船所出水的枝头鸟纹杯、麒麟纹杯、"一路清廉"纹碗等与"南澳 I 号"出水的瓷器装饰风格也大体一致。

2010 年，中国和肯尼亚首次合作进行肯尼亚沿海水域水下考古[18] 调查，先后发现了 6 处沉船，并发现了中国古瓷器。位于马林迪北部纳美尼村北部码头的纳美尼沉船遗址发现了釉陶片、陶瓷器等，在蒙巴萨（《郑和航海图》中记载的"慢八撒"[19]）耶稣城堡出土中国青花碗、青花瓷以及去白釉瓷器等。在蒙巴萨沉船出水中国青花盘、五彩瓷等瓷器，部分器物与福建平潭碗礁一号沉船遗址[20] 出水的清代康熙年间的青花瓷器相似。此次出水的中国陶瓷与东非其他地方[21] 出水的瓷器相互构成"陶瓷之路"[22] 的锁链。

沉船是中非海上丝路交往最为有力的镜像原或证据链，直接镜像出早期中非丝路交往中的海上贸易活动。从沉船出水的中国古瓷看，早期非洲与中国的丝路交往是十分频繁的，中非之间的陶瓷交往已然成为中非丝路交往的典型形式。

总之，非洲的建筑遗迹、墓葬遗址和沉船遗址是镜像中非丝路交往的三大核心锁链，构成"古瓷镜原"的完整证据链。如果说建筑遗址中的中国古瓷再现了非洲人使用陶瓷的日常空间物，那么，墓葬遗址中的中国古瓷则反映了非洲民众对中国陶瓷日常使用和追慕的死后延续，或是一种对陶瓷生命价值或象征意义的宗教信仰，而沉船遗址毋庸置疑地再现了中非海上丝路交往中的贸易活动场景。

二、 移民、财富与城邦：中非丝路交往的产生基础

在地理空间上，中国和非洲横跨亚洲东西部，但彼此的丝路交往如同西奈半岛一样连接着中国和非洲的民众、文化与文明。就丝路交往基础而言，非洲的土著居民在外来文明的影响下，开始进行对外贸易，尤其是阿拉伯世

界的崛起以及阿拉伯移民在非洲的商业活动加速了非洲与中国的丝路交往。

1. 伊斯兰移民

移民是文化交往与传播的重要形式，也是文化迁徙和文明发展的一种途径。以波斯—希腊为中心的欧洲地中海文明圈的形成与强盛，离不开移民的力量与贡献。这如同以中国为中心的东亚文明圈的形成得益于东亚各国的移民活动一样。全球范围内的移民不仅给彼此的国家带来经济文化与文明发展的变化，更带来国家治理与国家结构的根本变化，进而加剧了彼此的文化交往与文明互动。实际上，早期非洲与中国的丝路交往主要得益于非洲（尤其是东非）部分国家社会结构的变化以及中国文明结构的吸引力，而这种彼此吸引的文明力量又得益于非洲阿拉伯移民的发展与活动。

从早期东非国家的社会结构看，伴随阿拉伯世界的崛起、东非当地阿拉伯移民以及伊斯兰教的兴起，非洲的国家结构很快地就从"农业型结构"转向"商业型结构"。而且，在波斯、希腊等文化圈的影响下，东非国家很快成为伊斯兰世界的文化中心。因此，非洲东岸的城市、商业以及贸易快速走向"对外型发展社会"，非常注重对外贸易。很显然，7—11世纪的阿拉伯帝国对东非和北非社会结构的影响是深远的，尤其是阿拉伯移民不仅给非洲带去了伊斯兰教文明，还带去了阿拉伯人的商业思维与贸易模式，进而迅速地将非洲土著居民社会从以农业为主的内向型发展结构转向兼顾商业发展的外向型社会。

从中国文明结构看，古代中国属于以农业为主的内陆型发展国家，工匠文化或手工业文化发达，诸如瓷器、丝绸、漆器等物质文明享誉世界，它们已然成为全球民众追慕与渴望得到的奢华物。古代阿拉伯国家是一个横跨亚欧非的庞大帝国，与非洲、欧洲和亚洲的丝路交往密切。阿拉伯国家成为亚欧非国家之间交往的掮客，或者说，阿拉伯移民活跃在亚欧非国家之间，并充当全球丝路贸易的中间商。早在西汉时期，阿拉伯国家和中国就有使节交往活动。阿拉伯的医学、历法、工艺对中国文化影响深远，中国的造纸、火药、指南针、丝绸、瓷器等经阿拉伯国家传播至欧洲和非洲。活跃在亚欧非之间的移民或商人、工匠、伊斯兰教徒，为中国和非洲的丝路交往提供了重要契机。

▲ 图 4-2　坦桑尼亚昆杜奇遗址伊斯兰柱墓上镶嵌明代瓷器

2. 财富诱惑

阿拉伯半岛上的穆斯林民族崇尚远行、商业与贸易，进而为中非丝路交往的产生提供了基础动力。实际上，伊斯兰教本身就鼓励贸易[23]，并在贸易中实现财富的积累。这在客观上也促进了中国和非洲以及阿拉伯世界的丝路贸易，以至于印度洋成为穆斯林商人连接亚洲和非洲的十字路口。穆斯林商人和水手利用他们的三角帆，在东非东岸或阿拉伯半岛东南的阿拉伯海与印度海岸之间穿行，并一直航行至中国东南沿海。同时，驼背上的穆斯林商人在撒哈拉沙漠南北陆路商道上一直东行至中国西域，进而连接中国与非洲的丝路贸易。

在财富的诱惑下，穆斯林商人在驼背和三角帆的指引下，不远万里来到东方中国。在古代，中国成为非洲穆斯林商人心中的财富之地和文明之地。或者说，古代中国社会的财富、器物以及文化的异域力量吸引了阿拉伯世界以及侨居非洲的穆斯林人。因此，非洲与中国的丝绸交往或丝路贸易便在陆地与海洋之间广泛地开展。实际上，8—16世纪的阿拉伯一直成为阿拉伯海和印度洋海域控制贸易的主要力量。阿拉伯商人将非洲和亚洲紧密地联系在一起。"埃及境内尼罗河沿岸土地肥沃，物产丰富，经济文化发达。其北部处于沟通红海、连接地中海和阿拉伯海的东西交通枢纽地带，并与内陆的水路和陆路的商道相接，自古以来埃及就有海外交通和海外贸易的传统。"㉔在阿拉伯移民及其商人丝路贸易的助力下，埃及逐渐成为伊斯兰世界政治权力和经济财富的中心。

对丝路财富的追逐是互惠互利的。非洲的香料、象牙、黄金等宝货也是中国商人的特需商品。因此，"当地盛产香料、象牙等宝货乃是其大量进口中国瓷器的物质基础，同时也是中国主动将东非作为瓷器市场的主要原因之一"㉕。可见，中国和非洲的丝路交往或器物交往是互利互惠的，在彼此所需要的商品及财富的追逐下，俨然铺就了中国与非洲的器物交往之路，并为中非精神交往提供了强有力的基础与动力。

3. 城邦崛起

移民和财富的集聚必然导致城市的兴建与崛起，即古代穆斯林在非洲的"城邦"及其社会诞生了。10—15世纪，在阿拉伯移民的影响下，东非土著居民建造了东非海岸城邦社会。"这些城邦大致产生于十世纪前后，十二世纪左右开始相继进入繁荣期，十五世纪以后逐渐衰落。在诸城邦之中，前期以摩加迪沙为繁荣，后期则以控制索法拉黄金出口贸易的基尔瓦最为昌盛，其他如蒙巴萨、布拉瓦、马林迪等也都久负盛名。城邦的数量，到十五世纪东非海岸共有三十七个左右。"㉖这些数量众多的城邦明显地不同于以农业为主的社会结构体，它们是当代土著文化与阿拉伯文化以及波斯文化的多元结构体，当然也有中国文化的元素以及中国文明的力量。譬如，在东非的伊斯兰城邦的清真寺大都用中国瓷器做装饰，东非所需要的中国瓷器主要通过城邦丝路贸易获得。实际上，处于繁荣时期的10—15世纪的东非城邦对中国瓷器的需求量最大，这也正是中国瓷器出口至东非的鼎盛期。换言之，东非城邦的诞生与发展是非洲与中国丝路贸易的基础或动力，因为作为政治、经济和文化中心的城邦，其发展与繁荣离不开丝路贸易活动，只有在丝路贸易中获得大量的财富才得以支撑城邦持续发展与繁荣。

概言之，东非的移民、财富和城邦是互为一体的，它们共同构成非洲和中国丝路交往的基础或内在动力，中国的器物、财富以及文明的异域力量也是构成中非丝路交往的重要力量。

三、 朝贡、贸易与游历：中非丝路交往的主要路径

在中非丝路交往体系中，朝贡、贸易和游历成为最重要的交往路径，它实现了中非民众的贸易往来，沟通了中非民众之间的对话与情感，展示了中非久远的交往历史，为中非文明互鉴提供了必要的支撑力量。

1. 朝贡体系

朝贡体系是古代中国处理对外关系的准则之一，也是一种全球国际关系模式。"凡臣服之邦皆隶版籍"，即在不诉诸武力的情况下建立国与国之间的宗藩关系，以定期朝贡"方物"或"异物"为"臣服"或"隶版籍"之标志，进而维护国家与国家之间的政治关系。进一步地说，朝贡体系或朝贡准则是中国制度文明在丝路交往中的治国智慧，它为古代国际关系的发展提供了一种"和平方式"。

中国和非洲正式交往以及朝贡关系的确立大致可追溯到西汉时期。汉武帝元封三年（公元前 108 年），罗马帝国曾向汉武帝朝贡非洲索马里或埃塞俄比亚的"花蹄牛"。西汉平帝元始二年（2 年），"黄支国"（今埃塞俄比亚）向西汉政府朝贡犀牛。东汉永元九年（97 年），甘英使团最远至阿拉伯半岛，引起非洲兜勒（位于厄立特里亚）政府的高度注意。《后汉书》记载，兜勒国后来向东汉派遣使团，东汉政府"赐其王金印紫绶"[27]。在宋代，阿拉伯来华商人向中国政府"朝贡"他们的"异物"。史料记载，"自开宝元年到乾道四年二百年间，大食人之进贡，有明文可考者，共四十九次"[28]。可见 12 世纪的大食人进贡者较多。来华的罗马商人和阿拉伯商人所朝贡的物品中，可能就有来源于非洲的玻璃器、象牙等。宋代海上丝路贸易较唐以前，无论在远洋能力、贸易吞吐量还是航海范围上均有所扩大。《岭外代答》与《诸蕃志》均详细记载了与宋代中国海上通商的国家达 58 个之多，其中

包括坦桑尼亚、埃塞俄比亚等非洲国家。"两宋年间，中国商船已广泛游弋于红海、波斯湾与东非海岸之间。宋神宗元丰六年（1083年），曾有东非"层檀国"使者携带龙涎香等方物前来朝贡。随后，非洲的象牙、犀角、明矾等物大批涌入中国。……与此同时，中国的造纸、火药和雕版印刷术也经由阿拉伯人和西征的蒙古人传入非洲。"㉙ 在桑给巴尔岛卡真瓜的一个珊瑚井里，人们发现了大批宋朝钱币，有人认为这是迷航的中国商船掩埋的。据此推断，宋朝建立之后，中国与非洲或建立了较为成熟的直接贸易关系。"中国瓷器大约在9世纪时传入非洲。考古学家在红海附近发现了大量瓷器集散地遗址，以苏丹境内的阿伊扎布港最著名。中国商船在10—12世纪已经可以航行到也门附近，这为中非通商作出了很大的贡献。"㉚ 明朝，郑和的船队共四次直接到达非洲东海岸的索马里等地。当时被明朝称作"米昔儿国"的埃及曾两次遣使到明朝访问，并向明政府朝贡纳物。郑和从非洲带回来的长颈鹿，更是被当作麒麟。明宣宗之后，明朝开始实施海禁政策，很少再见到与非洲的交往。清朝之后，中国的闭关锁国政策逐渐加强。清末鸦片战争后，随着中国大门的打开，许多华工被带到非洲坦桑尼亚、刚果等地。

2. 丝路贸易

贸易是丝路交往中最常见的方式。在汉唐时期，中国和非洲的丝路贸易或已频繁。在陆路，《后汉书·西域传》曰："（大秦）与安息、天竺交市于海中，利有十倍……其王常欲通使于汉，而安息欲以汉缯彩与之交市，故遮阂不得自达。"㉛ 这里的安息（波斯）与天竺（印度）是中国与非洲贸易的中转国，中国器物往往通过南亚与中亚的一些国家转入非洲。隋唐时代的中国与非洲的丝路交往逐渐密切。今天非洲的津巴布韦共和国曾出土过中国唐代的瓷器，在刚果共和国境内也发现了中国唐代的钱物㉜。唐代贞元（785—805年）年间的宰相贾耽（730—805年）撰写的《古今郡国四夷述》，记载了隋唐以来的7条"通夷丝路"，即《新唐书·地理志》所曰："其最要者七：一曰营州入安东道，二曰登州海行入高丽渤海道，三曰夏州塞外通大同云中道，四曰中受降城入回鹘道，五曰安西入西域道，六曰安南通天竺道，七曰广州通海夷道。"㉝ 这七条道路中的"广州通海夷道"，即广州—珠江口—海南岛—越南东南部—马来半岛湄公河—苏门答腊岛—爪哇—马六甲海峡—

印度洋—斯里兰卡与印度半岛—波斯湾—巴格达。这是一条延续汉代徐闻出海的当时世界上最长的远及非洲的国际性航道。广州港是汉唐时期漆器、瓷器等的重要贸易港口。伊本·白图泰在他的游记中如是描述："隋尼克兰（广州）是一大城市，街市美观，最大的街市是瓷器市，由此运往中国各地和印度、也门。"㉞ 在宋代，中国与非洲的贸易往来更加密切，考古学家在东非发掘出土的大量宋元时期的外销瓷见证了当年海上丝路贸易的盛况。《宋史》记载："层檀国在南海傍，城距海二十里。熙宁四年始入贡，海道便风行百六十日，经勿巡、古林、三佛齐国乃至广州。"㉟ 这里的大食口音的"层檀国"，"应是公元11世纪初至12世纪末在中亚地区建立的塞尔柱帝国。层檀乃其君主称为苏丹的别译，以之指代国名，在名义上仍附属于阿拉伯帝国，故谓之为大食层檀"㊱。但是，"宋时阿拉伯语称东非沿岸和桑给巴尔岛一带为'僧祇拔儿'。层拔是其转音的略称。《宋史·外国传》里又转译为'层檀国'。这些史书中都记载了古代坦桑尼亚同宋朝的友好往来和通商贸易情况。层檀国在北宋熙宁四年（公元1071年）和元丰六年（公元1083年）两次派使节来中国"㊲。英国学者弗里曼·格伦维尔在《东非出土钱币的历史意义》一文中描述了在肯尼亚和坦桑尼亚的非洲东岸发现的13世纪前的宋币，可以看出东非与中国宋代商品交易的场景。可见宋代海上丝路贸易最远抵达的国家层檀国，即在今天的东非洲境内。另外，宋代商船还抵达了非洲的埃塞俄比亚等国。日本学者三上次男在《陶瓷之路》记载了中国中世纪陶瓷曾溯尼罗河而上最后到埃塞俄比亚境内。在元代，中国与非洲的许多国家都有频繁往来，譬如北非的密昔儿（埃及）、麻加里（马格里布，主要指摩洛哥），东非的弼琶罗（柏培拉）、马合答束（摩加迪沙）、层拔（桑给巴尔及相邻东非沿岸地）等㊳。元朝民间航海家汪大渊在1328—1339年间曾两次出航海外，远抵非洲桑给巴尔（麻那里）、坦桑尼亚等地，那时正是欧洲商业城市兴起与殖民扩张的时期。印度洋和地中海的丝路国际贸易也十分繁荣，元政府积极鼓励东南沿海的汉人拓展海外市场，推行官办式的"官本贸易"，支持海商资本、商船以及航海人员等，与民间资本争夺贸易权，并与海外非洲国家建立官方关系。元世祖曾遣使臣到达马达加斯加，"采访异闻"并传回元大都。地理学家朱思本14世纪绘制的"非洲地图"，就将非洲大陆的图标绘成一个向南伸展的三角形。李约瑟在《中国科学技术史》中盛赞朱思本的"非洲图"是一项了不起的"杰出成就"㊴。

除了官方贸易之外，私人器物贸易也是明清时期中非贸易的一种形式。1567 年，明政府迫于巨大的海防费用以及外国势力的侵扰，开放漳州月港，并允许私人海上贸易。当时进行私人海上贸易的，有东亚以及南洋的许多国家，并远及阿拉伯半岛或非洲东海岸等国家。

3. 民间游历

游历是丝路交往的民间路径，也是世界文化交流的常见方式。在丝路上，旅行家、学者、传教士等曾以游历为好，在旅行过程中传播知识与信仰，进而为世界交往贡献力量。

在中国，元至顺元年（1330 年），汪大渊从泉州出海，远航埃及、摩洛哥、索马里、莫桑比克；至元三年（1337 年）再次出航，历经阿拉伯海，至非洲的莫桑比克海峡。他在《岛夷志略》中记载了非洲东海岸的情况，包括"贸易之货，用牙箱、花银、五色缎之属"[40]，显示出中非丝路贸易和交往的盛况。在非洲，旅行家伊本·拔都他受国王之托，于元至正七年（1347 年）来华，根据《拔都他游历中国记》描述："余辈运河时，见有无数舫船，皆满载游客。船有甚华美之帆，光彩夺目。又有丝蓬盖，以蔽日光。船中悬挂无数美画。"[41]这些都是非洲旅行家在中国旅行时对中国舫船的直接感知。伊本·拔都他还说："中国人技艺上特别之天才。中国人较他种人，技艺天才特高，艺术精美异常，世人皆承认之，甚多书中，已言之矣。"[42]在杭州，他看到过市场上出卖的漆制品。漆盒"其制造物如大小平盘，系藤丝编成者，尤为精美。盘上涂红漆，灿耀闪光，细审之乃为十小盘所叠成。初视之，犹如一盘也，人工之妙，夺天巧矣"[43]。可见，中国人之"特别之天才"，特别是漆器制作"人工之妙"以及"夺天巧"给他留下了深刻的中国印象。换言之，拔都他游历中国所记以及回国后向摩洛哥苏丹王所言说的中国器物，给非洲人留下无限的想象，也间接地表明中非器物交往的功能与意义。

四、物的描述与想象：中非丝路"思的交往"

在中非丝路交往中，中国器物以特有的物的表达和匠的精神传达了中国文化、中国美学和中国精神，必然引起非洲民众对异物的想象，尤其是对中国瓷器、丝绸及其技艺的思想性想象。或者说，在中非"思的交往"中，"物的想象"和"技艺的想象"是非洲民众对中国器物的想象形式，即主要围绕物的认知维度和技艺的审美维度展开：前者侧重"再现历史的物"（物的美），后者侧重"再现历史的形式"（技术的美）。

1. 对瓷器的描述与想象

瓷器是中非丝路交往中最为普遍的商品。在元代，汪大渊抵达坦桑尼亚重要的商业都会麻那里和加将门里[44]，并带去大量的青白花碗、粗碗等瓷器，颇受当地民众喜爱。"他们不但在日常生活中大量使用中国瓷器，而且在宗教建筑、规格较高的世俗建筑，乃至墓葬上也大量用中国瓷器进行装饰。因此，中国瓷器自然地融入了非洲人民的生活传统之中，并成为伊斯兰物质文明的重要组成部分之一。"[45]可见，除了日常生活之外，中国瓷器的用途被非洲民众延展到宗教建筑、世俗建筑和墓葬建筑之中，瓷器被无限想象成为伊斯兰文化的一部分。非洲穆斯林人的中国瓷器想象很可能来源于瓷器本身"物

▲ 图4-3　肯尼亚曼布鲁伊伊斯兰柱墓上镶嵌中国瓷器

的表达"，即在色彩（青或白）、图案（植物花卉）、瓷器的精美（财富的象征）等层面的宗教内涵与象征意义迎合了他们。换言之，中国瓷器物的表达暗合了非洲穆斯林民众的精神信仰。因此，他们对中国瓷器展开超越瓷器本身的宗教想象。

非洲人不但对中国瓷器的用途展开宗教性想象，还对中国瓷器的生产过程及技术展开描述性想象。曾经来过中国的摩洛哥人伊本·白图泰在他的游记中这样描述："至于中国瓷器，则只在刺桐（泉州）和隋尼克兰城制造。系取用当地山中的泥土，像烧制木炭一样燃火烧制。其法是加上一种石块，加火烧制三日，以后泼上冷水，全部化为碎土，再使其发酵，上者发酵一整月，但亦不可超过一月；次者发酵十天。瓷器价格在中国，如陶器在我国一样或更为价廉。这种瓷器运销印度等地区，直至我国马格里布。这是瓷器种类中最美好的。"⑯实际上，伊本·白图泰对中国瓷器烧制过程的描述，既有泉州和广州真实的瓷器生产历史的再现，又有对中国瓷器技术的想象。伊本·白图泰除了描述与想象刺桐和隋尼克兰的瓷器制造，还对契丹人的瓷器生产做了描述："全体中国、契丹人，他们烧的炭，是一种像我国陶土的泥块，颜色也是陶土色，用大象驮运来，切成碎块，大小像我国木炭一样，烧着后便像木炭一样燃烧，但比木炭火力强。炭烧成灰，再和上水，待干后还可再烧，至完全烧尽为止。他们就用这种泥土，加上另外一些石头制造瓷器。"⑰在此，伊本·白图泰把中国的煤炭想象成为瓷器生产的"泥土燃料"。

2. 对丝绸的描述与想象

中国生产丝绸，而丝绸又是中非丝路交往的大宗货物。在丝路上，古希腊和古罗马对中国大量的丝绸展开想象，以至于称中国为"Seres（丝国）"。同样，非洲人伊本·白图泰在游记中也对中国丝绸服饰展开想象。他说："当地产丝绸极多，所以丝绸是当地穷困人士的衣服。如没有商人贩运，则丝绸就一钱不值了。在那里，一件布衣，可换绸衣多件。"⑱很显然，这是伊本·白图泰的个人想象，穷困人士是不可能穿着丝绸的，布衣也不大可能比丝绸贵。这可能是"丝国"带给伊本·白图泰的夸饰性想象。利玛窦（Mathew Ricci）也曾在其札记中想象中国"全民皆丝"的场景："我也毫不怀疑，这就是被称为丝绸之国（Serica regio）的国度，因为在远东除中国外没有任何地方那么富饶丝绸，以至那个国度的居民无论贫富都穿丝着绸，而且还大量地出口到世界最遥远的地方。"⑭ 实际上，在利玛窦描述的 16 世纪的明朝，不是所有人都能穿绫绸缎衣服。宋明时期棉花广泛种植，一般人都是穿棉质或大麻纤维的衣服。所谓"布衣平民"，一般是无法享受绫罗绸缎。

另外，伊本·白图泰还在游记中描述了刺桐的锦缎和绸缎："我们渡海到达的第一座城市是刺桐城，中国其他城市和印度地区都没有油橄榄，但该城的名称却是刺桐。这是一巨大城市，此地织造的锦缎和绸缎，也以刺桐命名。该城的港口是世界大港之一，甚至是最大的港口。我看到港内停有大艚克约百艘，小船多得无数。这个港口是一个伸入陆地的巨大港湾，以至与大江汇合。"⑮ 伊本·白图泰对"刺桐牌锦缎和绸缎"的描述以及对刺桐港的船只（"小船多得无数"）和港湾（"巨大港湾"）的想象，无疑再现了刺桐港海上丝路贸易的盛况。

3. 对技艺的描述与想象

伊本·白图泰对中国工艺及其技术有过精彩的描述与想象，他所著的《伊本·白图泰游记》留下了非洲人对古代中国美好技艺印象的珍贵记录。他由衷地赞叹道："中国人是各民族中最精于工艺者，这是远近驰名的。"⑯ 伊本·白图泰对中国工艺的描述是准确的。中国传统工艺确实是世界上最为著名的，中国工匠以非凡的工艺智慧与精益求精的工匠精神著称。这在海外来华的学者、商人和传教士的著述中都能找到他们的描述与想象。

伊本·白图泰不仅对中国手工艺怀有赞赏性的描述，还对中国画匠有过较为详细的描述与想象。他说："（中国人）绘画的精巧，是罗姆等人所不能与他们相比的。他们在这方面是得天独厚，具有天才的。我们在这里所见到的奇异，就是我只要走进一座城市，不久再回来时便看到我和同伴的像已被画在墙上、纸上，陈列在市场上。我曾去素丹的城市，经过画市，我率同伴们到达王宫，我们穿伊拉克服装，傍晚从王宫回来，经过上述那一画市，便看到我和同伴们的像已画在纸上，粘在墙上，我们都面面相觑，丝毫不差。有人告诉我说，这是素丹下令画的，画家们在我们去王宫时早已来到，他们望着我们边看边画，而我们却未察觉，这也是中国人对过往人士的惯例。如外国人做了必须潜逃的事，便将他的画像颁发全国搜查，凡与图像相符者，则将他逮捕交官。"㉜伊本·白图泰对画市里的"画家们"感到十分好奇，赞叹他们精于素描绘画的天才般的能力。

另外，伊本·白图泰对中国建筑技艺也颇感兴趣。他说："可汗的宫殿位于城的中央，专供可汗居住，其建筑多为精工雕刻的木质结构，布局独具风格……"㉝对可汗宫殿的描述成为非洲、欧洲等地的旅行家和传教士描述与想象中国建筑最为常见的内容。伊本·白图泰对可汗宫殿的描述不仅再现了中国皇家建筑的精工之美，还再现了其建筑结构和风格之美。很显然，中国建筑之美在非洲民众的心中留下了美好的印象与记忆。

五、 沾润：中非丝路交往的文明互鉴互生

器物交往是丝路交往的重要形式。伴随中非器物交往的深入，中国工匠横渡印度洋和阿拉伯海来到非洲，从而加速了非洲地方手工艺的发展，在中非器物及其技术的互动交往中实现了中非丝路交往的文明互鉴。

1. 工匠的流动："中国村"

在全球史视角，世界华人工匠在全球文明发展中发挥了独特的价值。在丝路交往中，"物的流动"始终伴随"人的流动"。在所有的人员流动中，"工匠的流动"已然成为丝路上最为独特的现象。

早期去非洲的华人工匠主要以建筑工匠为主，如木匠、泥瓦匠等，另外还有少量的缫丝工匠等，前往非洲的工匠以中国南方的广州、福建、澳门等地为主要来源地。据史料记载，在公元 1815 年，"一些中国木匠和泥瓦匠乘坐英国皇家海军的船只来到南非，并帮助修建了位于西蒙斯敦造船厂附近的基督教堂。1894 年，又有华人厨师、花匠和木匠乘'诺福克号'来到南非做工。……一些移入的华人工匠参加了德班港的建设。"㉞"在 1750 年，曾有人在毛里求斯的一块岩石上发现了一些中国人的名字。到了 1761 年 4 月 20 日，毛里求斯的户口登记簿上已有两名澳门籍华人的名字。"㉟"1903 年，这些先驱者中一位名叫贾阿桑的木匠兼建筑师将自己的一块地捐献给洛伦索 - 马贵斯的华人，以修建一座'中国亭'。……1898 年，一个叫罗山（LowShang）的华人是这样填写他的入籍申请表的：'商人，买主，在安

斯·博楼地区加工和种植华尼拉。33 岁，中国人，出生广州。配偶雅如佳，中国人，家住香港。罗山原系广州缫丝工人，1893 年 12 月 25 日抱着经商目的来到塞舌尔。来塞后一直经商，并加工和种植华尼拉。'⑯另外，"中国国内最早关于非洲华侨的统计数出现在 1907 年 4 月的《外交报》上，当时世界各地的华侨人数为 8954889 人，非洲华侨为 7000 人"⑰，其中不乏华人工匠。从这些史料中可以发现，侨居在非洲的华人工匠数量较多，他们或在非洲经商，或参与了非洲的建筑、纺织、种植等手艺活动。

早期去非洲的工匠身份，或囚犯，或奴隶，或契约工匠，或自由移民，等等。"在 1814 年至 1882 年间，约有 300 名华人到达开普殖民地、纳塔尔、彼得马里茨堡和伊丽莎白港。他们绝大部分都是殖民政府雇用的工匠和劳工，在南非定居后逐渐在商业方面站稳了脚跟。英布战争是一场没有胜利者的战争。战后重建以及金矿业的飞速发展都需要大量劳工。"⑱很显然，非洲的华人工匠身份比较复杂，既有受雇殖民政府的雇佣工匠，也有因战后重建而需要的契约工匠，还有一些来往中非之间的自由移民。另外，早期前往非洲的工匠或是随中国使团而去的"官匠"。譬如郑和 7 次下西洋，就有 4 次抵达非洲，郑和船队携带大量的中国器物⑲，随行而去的还有工匠、厨师、测量员、水手等。在今天的布拉瓦郊区，就有一个为了纪念郑和来访而修建的"中国村"，又名"郑和屯"⑳。非洲的"中国村"或是中非交往的见证，也反映出非洲人民对中国人民的友好感情。

在非洲的华人工匠及其造物活动，不仅传播了中华工匠技艺知识，还为非洲当地的建筑、纺织以及其他手工艺发展作出了巨大贡献，为世界文化交往与文明互鉴提供了有力的技术保障与智力支持。

2. 陶瓷文明的互鉴

陶瓷是中华文明的标识物，中华陶瓷文明是世界文明史的瑰宝。在中非丝路交往中，中国陶瓷文明为非洲的陶瓷发展和陶瓷生活带去了中国技术或中国生活方式，非洲陶瓷文明也给中国文化带来了别样的艺术样态和美学风格。

在汉代，中国南方制造的青瓷和釉陶成批地由海上装运到阿杜利（位于今埃塞俄比亚马萨瓦港附近），再由贝贾人［位于今红海和尼罗河及阿特巴拉（Atbarah）河之间山区的游牧部落人］转运到麦洛埃（位于非洲东部苏丹境内）。运往非洲的精美陶瓷引起非洲工匠的关注与好奇，他们开始仿制中国陶瓷。因为在中世纪的北非和东非，"绝大部分地区都信仰伊斯兰教，并喜爱制陶艺术。因此，中国瓷器一进入非洲，其烧制技术、装饰艺术等方面，迅速地被伊斯兰文明所吸收"⑥¹。英国历史学家巴兹尔·戴维逊（Basil Davidson）在《非洲历史探索》（ *Discovering Africa's Past* ）中记载，麦洛埃的库施人从那时起，"开始按照中国的格调制造陶器"⑥²，麦洛埃的制陶工匠向中国工匠学习了低温烧制的釉陶技术。在元代时期，非洲最强大的国家是马木鲁克王朝（1252—1517年）统治下的埃及。在埃及开罗福斯塔特遗址发掘出土60—70万块陶瓷片，除了中国陶瓷残片约1.2万块之外，大部分是埃及自造的，并有仿制中国陶瓷产品⑥³。可见，开罗福斯塔特遗址出土的中国风格的伊斯兰陶瓷或陶片，见证了非洲工匠仿制中国陶瓷的盛况，既有规模化的陶瓷生产作坊，又有专业化的陶瓷工匠以及陶瓷技术传承体系。非洲工匠仿制中国陶瓷的图案、款识与技术，并保留了自己的伊斯兰文化特色。换言之，非洲的伊斯兰文明在丝路交往中吸收了中华文明，中华文明在全球文明发展中作出了重要贡献。

瓷器作为中华物质文明的样本，在东非除了日常使用或炫耀财富之外，还被创生出宗教化功能，即在精神文明领域发挥作用。"在东非海岸，在清真寺的建筑中凿出圆形壁龛镶嵌碗盘进行装饰，是十分普遍的现象。在清真寺的礼拜龛、天花板、门道乃至卫生设施中，均（有）镶嵌中国瓷器的例子。……至少在14世纪之后，以清真寺为中心，亦应存在中国瓷器或外来陶瓷的密集分布区域。清真寺也采用镶嵌陶瓷的方式对建筑予以装饰，表明这也应是外来陶瓷的另一种最终消费形式。"⑥⁴非洲清真寺的陶瓷装饰，暗示中国陶瓷在丝路交往中实现了空间意义的转换，即中国陶瓷装饰及其意义被延伸至宗教领域。除了清真寺之外，中国瓷器在东非也被用于墓葬空间。譬如以曼布鲁伊遗址和马林迪老城遗址为代表的东非柱墓，就大量使用中国陶瓷。很显然，中国瓷器在非洲的使用空间被"位移"，进而创生新的意义空间，即瓷器被"宗教化"了，实现了中国瓷器"物的功能"与"思的功能"的拓展。毋庸置疑，中国和非洲的物的交往不仅拓展了中国匠作之物跨时空被使用的功能及其意义，还创生了新的物的表达意义和精神特质。或者说，非洲民众通过中国陶瓷文化再创造了本土文明，实现中国陶瓷新的思想表达与意义再生。

实际上，非洲陶瓷文明也给中国陶瓷文明发展带来了新的艺术样态和美学风格。据《广州汉墓》（1981 年版）记载，"广州 1134 号墓中出有十五件陶质犀角模型和 1 件漆器扁壶，壶外表髹黑漆，两面各以朱漆绘一犀牛，而出有陶质象牙模型的广州 1153 号墓，也同出四件陶犀角模型。一般认为，犀牛产自东南亚、印度和非洲，因此当时可能有生犀或犀角由海路输入番禺"⑥。由此可以推断，这些"陶质犀角模型"的艺术样态和美学风格或来自非洲或东南亚，它们都是丝路交往的手工艺术的产物，是中外文明互鉴的结果。

3. 非洲玻璃技术的中国传播

早在公元前 2500 年，埃及人已开始生产与使用玻璃，其制造技术随后被传给罗马人、叙利亚人、腓尼基人等。大约在公元 4 世纪左右，埃及的玻璃技术或由中东传入中国。清人《格致镜原》卷 33 专列"玻瓈"条，最为详实地记载了西来玻璃情况。在我国，"最早借鉴西方地区玻璃工艺水平的是广州的玻璃制造业，他们按照西方玻璃生产的配方，制造出国内早期的单色或多色透明玻璃碗。……考古发现还表明，这时广州的玻璃工业除生产透明玻璃碗外，也制造其他生活器物。这些器物的形制、种类、装饰图样，都突破了以往国内生产中的传统模式，具有一定的创新，从而使南方玻璃制造业超过了北方地区，走在国内前列"⑥。葛洪（290—370）在《抱朴子·神仙篇》曾记载："外国作水晶碗，实是合五种灰以作之。"⑥ 这里的"五种灰"，即是苏打、石灰、硅土、镁和氧化铝。派霍德在《埃及玻璃工业》（1908 年版）中对埃及玻璃进行了化学分析，纽曼和柯蒂伽在《古代玻璃》（1925 年）⑥ 中给出玻古玻璃鉴定结果，均显示这"五种灰"是埃及古玻璃的主要原料。在洛阳、南京等地先后出土的一些具有罗马风格的玻璃制品，包括瓶、杯和珠子，可能是广州工匠仿制的。⑥ 1954 年，广州市横枝岗出土 3 件玻璃碗，大约属于西汉中期器物。1980 年，江苏邗江发掘的甘泉二号东汉墓出土有三件玻璃残片，"专家对残片再经定性分析，其紫色部分含有大量硅、钙、钠和相当数量的铝、铁、镁、锰，白色部分含量和紫色相仿，二种颜色都无铅、钡。这一数据和埃及亚历山大里亚各色玻璃含硅量在 60% 以上，并有大量的钠、钙相仿"⑩。这些中国出土的玻璃及其成分或技术分析显示，非洲玻璃技术文明影响了中国玻璃制造。

▲ 图4-4 江苏句容出土南朝宋玻璃杯

　　另外，中国古代玻璃的制造地点除了广州、洛阳、南京之外，还有山东的淄川。沈福伟在《中西文化交流史》中记载："淄川所烧玻璃以青帘为贵，办法是以水晶（石英）和回青配方烧炼，可以得到极其艳丽的花绀青（Smalt blue）。此法大概一直传到清代，康熙蓝彩中的宝石蓝由此应运而生，原料也离不了回青和蓝宝石，而这些原料正是来自伊斯兰国家，特别是包括索马里、埃塞俄比亚和苏丹在内的非洲东部地区。"[①] 很显然，中国的玻璃制造材料及其技术来源于伊斯兰国家以及非洲国家。

　　概言之，中非文明在交往中实现了彼此互鉴，在文明互鉴中实现了共同发展，这是中非丝路交往留给后人最为宝贵的全球性历史经验。在丝路交往中，中国器物以特有的"物的表达"和"匠的精神"传递给非洲大陆民众以中国艺术、中国技术和中国文明，也可从中国器物的非洲传播中镜像出非洲的社会结构、宗教信仰及其对中国器物文化的选择性接纳与意向性转换。或者说，非洲民众在接纳与吸收中国文化的同时，也创生了属于自己的民族艺术和风格，进而大大丰富和革新了世界文化样态。同样，在中国民众接纳和吸收非洲文化与技术文明的同时，自己的生活方式和文明水平也因此发生质的侨易。可见，中国器物在中非交往体系中发挥重要的作用，它超越了自身物质文化或生活文化的范畴，迈向精神文明以及世界文明的话语体系，在全球命运共同体发展中肩负重要的使命，发挥积极的功能。另外，在阐释中至少可以得出以下暂时性的结论：第一，在丝路交往中，器物交往成为全球交往最为经典的样式，发挥着经济贸易和文化交流的重大作用；第二，在丝路文明互鉴中，物质文明互鉴是制度文明互鉴和精神文明互鉴的基础，尤其是器物文明在全球文明发展中显示出重要的中介功能；第三，在丝路文明发展中，器物文明不仅会改变彼此的生活方式和审美观念，还在彼此国家民众思想信仰的树立和意识形态的形式上发挥了助推作用，对提升彼此国家民众的艺术智慧和文明水平也发挥着不可忽视的作用；第四，丝路文明互鉴应当成为当代全球国家治理的宝贵历史经验，交往、互鉴和发展的丝路模式是全球人类命运共同体发展的根本选择。"一带一路"的中国全球发展倡议既是古代丝路智慧的历史延续，又是当代中国的发展抉择与全球贡献。

注　释

① 丁雨．东非沿海地区出土的伊斯兰釉陶器［J］．考古，2017，（09）：109—120.

② 沈福伟．十四至十五世纪中国帆船的非洲航程［J］．历史研究，2005，（06）：119—134+191—192.

③ 陈雪飞．非洲人眼中的中国形象：基于非洲本地媒体视角的考察［J］．国外理论动态，2014，（03）：68—72.

④ 黄昭宇．中国对非洲关系的世界性建构意义［J］．国际论坛，2009，11（04）：44—48+80.

⑤ 王华．非洲古代纺织业与中非丝绸贸易［J］．丝绸，2008，（09）：47—49.

⑥ 朱凡．中国文物在非洲的发现［J］．西亚非洲，1986，（04）：55—61.

⑦ 刘鸿武．中非交往：文明史之意义［J］．西亚非洲，2007，（01）：11—14+79.

⑧ Freeman-Grenville G S P.*The medieval history of the coast of Tanganyika*（《中世纪坦噶尼喀沿岸史》）［M］. London: Oxford University Press, 1962: 222.

⑨ 马文宽，孟凡人．中国古瓷在非洲的发现［M］．北京：紫禁城出版社，1987：37.

⑩ 申浚．非洲地区发现的元明龙泉窑瓷器［J］．考古与文物，2016，（06）：110.

⑪ 朱凡．中国文物在非洲的发现［J］．西亚非洲，1986，（04）：55.

⑫ 秦大树．中国古代陶瓷外销的第一个高峰——9—10世纪陶瓷外销的规模和特点［J］．故宫博物院院刊，2013，（05）：32—49.

⑬ 朱凡．中国文物在非洲的发现［J］．西亚非洲．1986，（04）：55—61.

⑭ 关于两遗址的发掘情况，参见秦大树、丁雨、戴柔星：《2010年度北京大学肯尼亚考古及主要收获》，《中国非洲研究评论（2012）》，第247—272页，北京：社会科学文献出版社，2013年；丁雨：《肯尼亚滨海省马林迪老城遗址的初步研究》，《南方文物》2014年第4期，第130—

138 页；秦大树、丁雨、刘未：《2012 年度中国和肯尼亚陆上合作考古项目取得阶段性成果》，《中国文物报》2013 年 4 月 26 日第 8 版。

⑮ 丁雨，秦大树.肯尼亚乌瓜纳遗址出土的中国瓷器［J］.考古与文物，2016：27.

⑯ 刘岩，秦大树，赫曼.肯尼亚滨海省格迪古城遗址出土中国瓷器［J］.文物，2012，（11）：37—60.

⑰ 郭学雷：《"南澳 I 号"沉船的年代、航路及性质》，《考古与文物》2016 年第 6 期，第 118—132 页。

⑱ 赵嘉斌，朱滨，孟原召，等.2010 年度中肯合作肯尼亚沿海水下考古调查主要收获［J］.中国国家博物馆馆刊，2012，（08）：90.

⑲ 向达，整理.郑和航海图［M］.中华书局，1961："郑和航海图地名索引" 38.

⑳ "东海平潭碗礁 1 号" 夕沉船遗址水下考古队."东海平潭碗礁 1 号"沉船水下考古的发现与收获［J］.福建文博，2006，（01）.碗礁一号水下考古队.东海平潭碗礁一号出水瓷器［M］.北京：科学出版社，2006.

㉑ J Thurstan S. Kirkman James：*Fort Jesus*：*A Portuguese Fortress on the East African Coast*［J］.*Antiquity*，1975，49（194）：327 p.150.

㉒ 三上次男.陶瓷之路［M］.李锡经，高喜美，译；蔡伯英，校订.北京：文物出版社，1984.

㉓ 斯波德.世界通史：第 4 版［M］.吴金平，潮龙起，何立群，等译.济南：山东画报出版社，2013：401.

㉔ 马文宽，孟凡人.中国古瓷在非洲的发现［M］.北京：紫禁城出版社，1987：71.

㉕ 马文宽，孟凡人.中国古瓷在非洲的发现［M］.北京：紫禁城出版社，1987：73.

㉖ 马文宽，孟凡人.中国古瓷在非洲的发现［M］.北京：紫禁城出版社，1987：72.

㉗ 转引自：张瑞.中国汉代与非洲的交往［M］// 袁雍.情满中非.杭州：西泠印社出版社，2018：15.

㉘ 白寿彝.中国伊斯兰史存稿［M］.银川：宁夏人民出版社，1983：128.

㉙张瑞.中国宋代与非洲的交往［M］//袁雍.情满中非.杭州：西泠印社出版社，2018：22.

㉚张瑞.古代中国与非洲是什么时候开始交往的［M］//袁雍.情满中非.杭州：西泠印社出版社，2018：10.

㉛〔南朝宋〕范晔，撰，〔唐〕李贤，等注.后汉书［M］.北京：中华书局，1965：2919—2920.

㉜张瑞.古代中国与非洲是什么时候开始交往的？［M］//袁雍.情满中非.杭州：西泠印社出版社，2018：10.

㉝〔宋〕欧阳修，宋祁.新唐书［M］.北京：中华书局，1975：1146.

㉞伊本·白图泰.伊本·白图泰游记［M］.马金鹏，译.银川：宁夏人民出版社，2000：546.

㉟〔元〕脱脱，等.宋史［M］.北京：中华书局，1985：14122.

㊱孙文范.世界历史地名辞典［M］.长春：吉林文史出版社，1990：244.

㊲中国历史博物馆中外关系资料组.中国通史陈列（中外友好关系史参考资料）［Z］.1979：112.

㊳〔宋〕赵汝适.诸蕃志校释［M］.杨博文，校释.北京：中华书局，2000：90.

㊴转引自：刘鸿武，暴明莹.东非斯瓦希里文化研究［M］.杭州：浙江人民出版社，2014：128.

㊵转引自：张星烺.中西交通史料汇编（第2册）［M］.朱杰勤，校订.北京：中华书局，2003：602.

㊶转引自：张星烺.中西交通史料汇编（第2册）［M］.朱杰勤，校订.北京：中华书局，2003：651.

㊷转引自：张星烺.中西交通史料汇编（第2册）［M］.朱杰勤，校订.北京：中华书局，2003：631.

㊸转引自：张星烺.中西交通史料汇编（第2册）［M］.朱杰勤，校订.北京：中华书局，2003：652—653.

㊹沈福伟.十四至十五世纪中国帆船的非洲航程［J］.历史研究，2005，（06）：122.

㊺马文宽，孟凡人.中国古瓷在非洲的发现［M］.北京：紫禁城出版社，

1987：70—71.

㊻ 白图泰. 伊本·白图泰游记[M]. 马金鹏，译. 银川：宁夏人民出版社，2000：540.

㊼ 白图泰. 伊本·白图泰游记[M]. 马金鹏，译. 银川：宁夏人民出版社，2000：542.

㊽ 白图泰. 伊本·白图泰游记[M]. 马金鹏，译. 银川：宁夏人民出版社，2000：541.

㊾ 利玛窦，[法]金尼阁. 利玛窦中国札记[M]. 何高济，王遵仲，李申，译. 北京：中华书局，1983：4.

㊿ 白图泰. 伊本·白图泰游记[M]. 马金鹏，译. 银川：宁夏人民出版社，2000：545.

(51) 白图泰. 伊本·白图泰游记[M]. 马金鹏，译. 银川：宁夏人民出版社，2000：543.

(52) 白图泰. 伊本·白图泰游记[M]. 马金鹏，译. 银川：宁夏人民出版社，2000：543.

(53) 白图泰. 伊本·白图泰游记[M]. 马金鹏，译. 银川：宁夏人民出版社，2000：556.

(54) 李安山. 论清末非洲华侨的社区生活[J]. 华侨华人历史研究，1999，(03)：25.

(55) 李安山. 论清末非洲华侨的社区生活[J]. 华侨华人历史研究，1999，(03)：26.

(56) 李安山. 论清末非洲华侨的社区生活[J]. 华侨华人历史研究，1999，(03)：29.

(57) 李安山. 论清末非洲华侨的社区生活[J]. 华侨华人历史研究，1999，(03)：30.

(58) 李安山. 论南非早期华人与印度移民之异同[J]. 华侨华人历史研究，2006，(03)：22.

(59) 华惠. 名垂青史——郑和[M]. 沈阳：辽宁人民出版社，2017：107.

(60) 华惠. 名垂青史——郑和[M]. 沈阳：辽宁人民出版社，2017：108.

(61) 马文宽，孟凡人. 中国古瓷在非洲的发现[M]. 北京：紫禁城出版社，1987：55.

㉒ Davidson B. *Discovering Africa's Past*［M］. London: Longman, 1978：24.

㉓ 朱凡. 中国文物在非洲的发现［J］. 西亚非洲, 1986,（04）：59.

㉔ 丁雨. 中国瓷器与东非柱墓［J］. 故宫博物院院刊, 2017,（05）：141—142.

㉕ 转引自：黄启臣. 广东海上丝绸之路史［M］. 广州：广东经济出版社, 2003：55.

㉖ 武斌. 丝绸之路全史［M］. 沈阳：辽宁教育出版社, 2018：458—459.

㉗〔晋〕葛洪. 抱朴子内篇［M］. 张广保, 编. 北京：燕山出版社, 1995：44.

㉘ Sloley R B R W. *Ancient Egyptian Materials and Industries by A. Lucas*［J］. *The Journal of Egyptian Archaeology*, 1948, 34：125—126.

㉙ 沈福伟. 中国和非洲国家最早建立的外交关系［J］. 海交史研究, 1984,（06）：20.

㉚ 马建春. 夏灿. 古代西域玻璃器物及工艺的输入与影响［J］. 回族研究, 2011, 21（01）：47. 另参见：纪仲庆. 江苏邗江甘泉二号汉墓［J］. 文物, 1981,（11）：8.

㉛ 沈福伟. 中西文化交流史［M］. 上海：上海人民出版社, 1985：315.

第五章

-

亚洲工匠对话：
中国和波斯的
相遇

在全球史视野下，丝路交往是全球交往的重要形式。通过对丝路遗存的古物进行考察，学界认为，流动的器物文明和工匠文明是丝路文明的显著标本，它或已成为丝路交往中文明互鉴的一种典范。在中国与波斯的丝路交往中，陆道、榷场和海洋成为连接中国和波斯丝路工匠文明交往的主要空间，贸易、互访、战争等路径实现中国和波斯工匠文明的丝路流动。中国和波斯的丝路工匠文明交往，不仅有工匠阶层和工匠集团制度性文明的想象与互鉴，还有织锦、陶瓷、指南针、造纸等技艺文明及其工匠精神的彼此交往与互鉴。流动的丝路工匠文明之光不仅照亮了丝路沿线民众的心，还指引了全球交往与文明发展之路。

波斯是伊朗的旧称或古名，阿契美尼德朝、萨珊朝和萨非朝是伊朗历史上最为辉煌的三个朝代。古代波斯曾是一个横跨亚、欧、非的西亚帝国，主体民族波斯人是雅利安人的后裔，有欧洲文化艺术的血统，并汲取了非洲和亚洲的艺术传统。古波斯人吸收了古埃及、阿拉伯、印度和中国的艺术文明，擅长建筑、雕刻、绘画、织锦以及其他手工艺术，以至于使古代波斯一度成为享誉世界的"手工圣地"，波斯手工艺人也成为"欧洲人的老师"。

一、 背景简析

在汉代，张骞出使西域之后，曾有汉使频繁抵至安息（波斯）[①]。隋唐时期，波斯人与中国广泛接触，商品贸易和人员往来频繁。在宋代，中国东南沿海满载中国货物的船舶可远航至波斯湾。1220年左右，蒙古帝国大汗铁木真入侵波斯，后波斯被大蒙古国（1206—1259年）及伊利汗国（1256—1335年）相继统治，蒙古人向古波斯输入了大量的中国器物与中国工匠。在明代，波斯成为帖木儿帝国（1370—1507年）版图的一部分。郑和下西洋曾多次抵达帖木儿帝国，中国和波斯的丝路文明交往密切。在流动的丝路上，工匠文明俨然成为中国和波斯丝路文明交往的重要样态，并引领彼此国家的文明互鉴与发展。

尽管学界对中国和波斯在考古[②]、艺术[③]、医药[④]、交往[⑤]、文明[⑥]等方面展开了较多的研究，但从工匠文明的视角出发对中国和波斯的丝路交往进行研究还是较少的。对于学术史来说，这无疑不利于丝路文明互鉴的整体研究，因为工匠文明是古代丝路文明以及全球文明体系中不可或缺的一部分，它或是丝路文明的标本。在接下来的讨论中，笔者拟基于全球文明史微观广域性视角，以中国与波斯丝路交往留下来的"古物"为锁链证据[⑦]，转而切入中国和波斯丝路交往的路线与路径分析，集中阐释工匠文明在中国和波斯丝路交往中的他者想象、互鉴体系及功能价值，以期揭示中国和波斯丝路工匠文明互鉴的历史经验与发展逻辑，旨在彰显织锦、陶瓷、指南针、造纸等中国工匠文明在波斯文明发展中发挥的功能与价值。

二、 中国与波斯的交流镜像：来自物的证据

丝路是流动的文明之路，全球文明在这里流淌与延展。在物的交往下，工匠文明或是丝路文明流淌的重要标识或标本。

1. 丝路交往的古物场景及复原

在中国境内以及域外，不断出土的与波斯文明相关联的匠作古物已然成为中国和波斯丝路交往的关键锁链。串联这些古物，可初步复原出中国和波斯丝路工匠文明交往的流动轮廓及其场景。

从国内考古资料来看，中国和西亚波斯的丝路交往或在新石器时代就已开始。考古学家在西藏昌都市卡若遗址发掘中，"曾出土了一种长方形骨片，靠近两端刻有横槽，这与伊朗西部克尔曼沙甘吉·达维（Ganj Dareh）新石器时代早期遗址所见的骨片如出一辙"[⑧]。这里出土的"骨片"可能是早期西亚波斯与西藏文明交往的远古物证，或构成中国和波斯早期丝路交往的前端锁链。卡若遗址的"骨片"和克尔曼沙甘吉·达维的"骨片"之间的相似性至少暗示两个问题：或能说明新石器时代跨文明的人类加工技术具有某种"朴素的相同"，或能揭示出中国和波斯的早期人类交往和工匠技术文明互鉴的可能性。就出土遗物而言，从"骨片"和"石珠"至少能推测自新石器时代到公元 7 世纪之前的中国和波斯或存在某种文明的交往与互鉴，尤其在工匠文明或艺术文明领域的交往是可能存在的。换言之，微观的"骨片"和"石珠"遗物或开启了中国和波斯丝路文明的广域性对话与交往。

从国内考古资料看，唐代长沙窑曾出土了犀牛、大象、骆驼等动物造型

的器物⑨，这些出土器物明显带有波斯艺术风格。另外，在江苏扬州、福建福州、广西桂林和容县也曾出现类似波斯风格的古陶。广西容县出土的波斯古釉陶，在斯里兰卡的西吉利、菲律宾的吕宋岛等地也有类似出土⑩，它们显然构成海上丝路文明交往的重要锁链，复原了中国和波斯丝路交往的古代场景，再现出中国和波斯工匠文明交往的可能与历史。从国外考古资料看，越窑青瓷遍及西亚，它已然构成中国和波斯丝路交往的独特遗址景观。譬如，"伊朗的萨马腊、内沙布尔、希拉夫遗址发现大量越窑青瓷器，另外在雷伊、粒内布等地也有发现。这些青瓷器，不论造型、釉色，很大一部分与宁波海运码头遗址附近准备外运的出土瓷器相一致"⑪。1936—1939 年，美国纽约大都会博物馆人员 3 次发掘伊朗内沙布尔古城遗址，发现有唐代华南产白瓷钵和碗残片⑫。1968—1971 年，英国考古学家安德鲁·乔治·威廉姆森（Andrew George Williamson）在波斯湾北岸伊朗南部展开为期三年的考古调查⑬，共发现中国外销古陶瓷残片（时间从唐至清晚期均有）近3400 件（现被英国牛津大学阿什摩林博物馆和伊朗国家博物馆收藏）⑭。这些出土古物无疑反映了中国和波斯古代丝路交往的客观历史事实，与在中国出土的波斯风格的古陶共同构成丝路交往的整体锁链，凸显出中国和波斯丝路交往的工匠文明偏向。从中国的扬州到菲律宾的吕宋岛以及斯里兰卡的西吉利，再到伊朗的萨马腊、内沙布尔、希拉夫以及布尔古城遗址，出土发现的波斯风格陶瓷和中国陶瓷俨然构成中国和波斯丝路文明交往的广域性古物锁链。它们或能整体复原海上丝路及其流动的工匠文明景观。

　　西亚金银器是公元 7 世纪盛极一时的萨珊王朝的典型器皿。1975 年，在营州地区敖汉旗李家营子唐代墓葬发掘中，出土了 2 件属于波斯萨珊朝的银器，其中一件为带柄的银扁执壶，柄部和口缘相接处有一胡人半身像，另一件为底部有一浮起的老虎纹的银盘⑮。1987 年 7 月，在宁夏固原隋史射勿墓中，发掘出波斯萨珊时期的银币⑯。这些匠作器物或为中国工匠所制，或为波斯工匠制造。从营州、固原、平城等地出土的萨珊系金银器，或能复原西北路上丝路贸易和人员交往的情景，再现出波斯风格的金银器被贵族使用的风尚及其生活文明。波斯萨珊朝银币也是见证中国和波斯丝路交往和贸易最有力的证据锁链。《汉书·西域传》记载："安息国，王治番兜城，去长安万一千六百里……亦以银为钱，文独为王面，幕为夫人面。王死辄更铸钱。"⑰可见，银币是波斯萨珊王朝的通行货币。考古人员曾在广东省遂溪县

▲ 图5-1　宁夏固原李贤夫妇墓出土北周金戒指

边湾村入海口附近发现有南朝时期的窖藏。该窖藏出土了20枚萨珊银币[18]。1973年10月，在宁夏固原北魏墓中，也发掘有波斯萨珊朝的银币[19]，它与西安沣西张家坡出土的萨珊朝卑路斯时期（459—484年）的银币为同款。1988年11月，敦煌研究员对莫高窟进行调查时，"在莫高窟北区第222窟发现波斯银币一枚。该银币直径2.9—3.1厘米，厚0.1厘米，重3.88克，与波斯萨珊朝银币单位'德拉克麦（DRACHM）'重量相当……从已刊布的资料得知，在莫高窟发现波斯银币前，中国境内已发现波斯萨珊朝银币39批（不包括莫高窟所出土的银币），其中有6批发现于窖藏，计1074枚；有26批出土于墓葬，计69枚；有3批在塔基中发现，计51枚；有4批计4枚为采集品"[20]。丝路沿线出土的波斯萨珊朝银币暗示，它作为一种丝路上流通的贸易货币是可能的。它也许是西北"丝路银币"或"西域银币"的"通行货币"，或被波斯人、粟特人、克什米尔人等使用。

　　简言之，以物为证，物物成链。丝路上的骨片、石珠、釉陶、古瓷、金银器、银币等构成了中国和波斯丝路交往的重要锁链。这些古物景观的锁链，复原了中国和波斯古代丝路交往的古物场景，再现了中国和波斯古代丝路文明互鉴之路。

2. 中国和波斯丝路交往的空间及途径

　　物的流动是丝路空间里中国和波斯丝路交往的根本动力，也是中国和波斯丝路交往的主要贸易形态。流动的工匠之物通过丝路的陆道、榷场、海道等空间实现了中国和波斯的丝路物的流通，并利用贸易、互访、战争等途径展开丝路物的交往与工匠的文明互动。

在古代，中国和波斯的丝路交往首先是物的交往，并横跨中亚陆地，在东亚、西亚以及南亚的陆上丝路中实现物的贸易与流通，以中国西北设置的"榷场"为物的交往据点，联通中国内地和西亚波斯物的流动线路，借助海上丝路贸易通道，实现中国和波斯之间物的流动。

在陆道空间，古代地处西亚的安息帝国是联通欧亚的丝路枢纽，是欧洲与中国物的流动的中转站。在汉唐时期，陆上丝绸之路是中国诸物向中亚以及欧洲输出的主要线路。《汉书·西域传》记载："武帝始遣使至安息，王令将将二万骑迎于东界。东界去王都数千里，行比至，过数十城，人民相属。因发使随汉使来观汉地，以大鸟卵及犁轩眩人献于汉，天子大说（悦）。"㉑可见，安息帝王十分重视汉武帝派来的遣使。在唐代贞元年间（785—805年），宰相贾耽（730—805年）受皇命绘制《海内华夷图》（801年），并撰写《古今郡国四夷述》。他总结出隋唐以来有七条通道四夷与边戍之路。《新唐书·地理志》记载："集最要者七：一曰营州入安东道，二曰登州海行入高丽渤海道，三曰夏州塞外通大同云中道，四曰中受降城入回鹘道，五曰安西入西域道，六曰安南通天竺道，七曰广州通海夷道。"㉒这七条道路中，有五条为"陆路"，其中"西域道"即直接通往安息。有关"西域道"，裴矩（547—627年）在《西域图记》中也详细记载了"达于西海"有三道，即"发自敦煌，至于西海，凡为三道，各有襟带。北道从伊吾（今哈密），经蒲类海（今巴里坤）铁勒部、突厥可汗庭（今巴勒喀什湖之南），度（渡）北流河水（今锡尔湖），至拂菻国，达于西海。其中道从高昌、焉耆、龟兹（今库车）、疏勒，度（渡）葱岭，又经钹汗、苏对沙那国、康国、曹国、何国、大小安国、穆国，至波斯（今伊朗），达于西海。其南道从鄯善、于阗（今和阗）、朱俱波（帕米尔境内）、喝槃陀（帕米尔境内），度（渡）葱岭，又经护密、吐火罗、挹怛、帆延、漕国，至北婆罗门（今北印度），达于西海"㉓。可见，从西域敦煌出发，有北道、中道和南道通往西海波斯湾，即"伊吾—西海道"（北道）、"高昌—西海道"（中道）和"鄯善—西海道"（南道）。15世纪以前，中国的漆器、瓷器、丝绸等丝路货物一般由波斯人或阿拉伯人运往波斯湾或地中海东岸，再转运至欧洲各国，实现中国和欧洲工匠物的流通与交往。在榷场空间，随着15—17世纪欧洲的地理大发现以及

《马可·波罗游记》在欧洲的广泛传播，欧洲人对中国及其工匠物更加神往与迷恋。抑或说，《马可·波罗游记》对中华物的描写与想象大大刺激了欧洲人向东方扩张的欲望，并奢望得到中国奢华的工匠之物。在宋代，政府除了积极鼓励海外贸易与拓展海外市场以及扩大贸易范围、规模之外，内陆和边疆的商品经济也得到长足发展与繁荣。在边境贸易中，"榷场"是宋官方对外贸易的重要据点。《续资治通鉴》记载："自与通好，略无猜情。门市不讥，商贩如织。"㉔可见，当时官办"榷场"贸易盛况空前，商贩众多。"榷场"的货物不仅通往北方的辽、夏、金等地，还远通西亚波斯等国。又据史载，"西夏自景德四年，于保安军置榷场，以缯帛、罗绮等（西夏）驼马、牛羊、玉、毡毯、甘草，以香药、瓷漆器、姜桂等物易蜜蜡、麝脐、毛褐、羱羚角、硇砂、柴胡、苁蓉、红花、翎毛，非官市者听与民交易，入贡至京者纵其为市"㉕。可见，宋代"互市"贸易为中国大宗货物的海外输出提供了重要契机与交易平台。同时，内地边境的贸易繁荣也在一定程度上支持了海上贸易，至少为海上丝路贸易提供了重要的物质资料与经济资本。

在海路空间，中国器物经过海上丝路传入东南亚以及西亚和阿拉伯，再经过波斯传入欧洲，波斯湾成为亚欧贸易的重要跳台。在唐代，广州成为重要的贸易港口。在宋代，中国成为全球最大的海上贸易出口国。《岭外代答》与《诸蕃志》记载，与宋代中国海上通商的国家达58个之多，主要有占城、真腊、三佛齐、吉兰丹、渤泥、巴林冯、兰无里、底切、三屿、大食、大秦、波斯、白达、麻嘉、伊禄、故临、细兰、登流眉、中理、蒲哩鲁、遏根陀国、斯伽里野、木兰皮等，并远及坦桑尼亚、埃塞俄比亚等非洲国家。又有荷兰文献记载，今印度尼西亚的万丹省（16世纪后期至19世纪初期统治爪哇西部的伊斯兰教王国）在17世纪初作为一个通商枢纽，云集了各国商人，有中国人、波斯人、阿拉伯人、孟加拉人等，其中不乏中国的器物贸易。在当时，爪哇西部的万丹港设有三处贸易市场，其中"第一个市场在城市东侧，凌晨开市，生意做到9时收市，广东人和印度等国的商人一起，经营生意。中国摊棚成一排，与波斯人、阿拉伯人和孟加拉人为邻。他们出售从广东运去的生丝、纺织品、绒缎、金捆、金绒、陶瓷、漆器、大小铜壶、水银、精巧木柜、各种纸张、历书、金封面的书、镜子、梳子、念珠、硫磺、日本刀、加漆刀鞘、人参、扇子、阳伞等"㉖。可见，明末万丹港不仅有固定的通商市场，还为通商制定有序的贸易时间及货物对象。

▲ 图 5-2　南海 I 号出水南宋瓷器

　　在中国和波斯的丝路交往中，贸易和互访是最主要的交往途径，战争也间接地促进了中国和波斯物的交往。

　　在贸易交往层面，《后汉书·西域传》记载："（大秦）与安息、天竺交市于海中，利有十倍……其王常欲通使于汉，而安息欲以汉缯彩与之交市，故遮阂不得自达。"㉗这里的安息（波斯）与天竺（印度）是中国与欧洲贸易的中转国，中国商品往往通过南亚与中亚一些国家传入欧洲。另外，《史记》亦记载："安息在大月氏西可数千里……临妫水，有市，民商贾用车及船，行旁国或数千里。"㉘可见，安息对外商业流通范围较广。1346 年，摩洛哥商人和旅行家伊本·巴图塔（Muhammad ibn Abdullah ibn Battutah，1304—1377 年） 抵达中国的刺桐港，随后游历杭州、广州、大都等城市。1355 年，他用阿拉伯文写成《异域奇游胜览》，其中这样描述："翌日早上从第五城城门进城，这是最大的城市，由普通百姓居住，市街美丽，城内多能工巧匠，这里织造的绸缎以汗沙绸缎著称。当地的特产之一是用竹子制作的盘子，那是由碎块拼凑而成的，极为轻巧。上面涂以红漆，这类盘子一套十个，一个套在另一个中，乍看之下，以为是一个盘子，并制一盖子，可将全部盘子罩住。当地人还用这种竹子制作一些奇巧的盘子，即使从高处落地，也不会碎裂。虽于盘中放置热菜热饭，也不会变形、褪色。此种盘子运销印度、霍腊散（注：Hurasan，即波斯）等地。"㉙巴图塔的描述充满对中国工匠文化的赞美，特别是对中国漆器及其贸易的描述见证了元代杭州竹胎漆器远销波斯的历史。另外，元代国家贸易远通欧洲两河流域，与白达国或报达国有贸易往来。刘郁《西使记》记载："（七年）丁巳岁（元宪宗七年，1257年），取报达国，南北二千里。其主曰合里法。其城有东、西城，中有大河。西城无壁垒，东城固之以甓，绘其上，甚盛……宫殿皆以沉檀、乌木、降真为之，壁皆黑白玉为之。金珠珍贝，不可胜计。其（妃后）皆汉人。"㉚这里的"报达国"，或做"白达国"（见《诸蕃志》），相当于今欧洲两河流域境内的伊拉克。其王"合里法"，即"哈里法"，而其妃均为汉人㉛，可知元代欧洲两河流域与中国的贸易及其文化往来。这段史料说明元代汉人工匠曾西迁至白达国，并将自己的工匠智慧献给异国。在16世纪后期，即在波斯萨非王朝的时候，他们的国王阿巴斯（1587—1629年在位）"开始了一项全新的贸易计划：让波斯成为一个伟大的贸易国家。波斯最好的港口位于波斯湾，被葡萄牙人占领了。阿巴斯赶走了葡萄牙人，在那儿建立了一个自己的（丝绸和地毯）贸易区"㉜。不过，16世纪的明代中国和波斯的贸易交往也是通过葡萄牙的海上贸易而实现的。

在互访交往层面，汉代张骞出使西域之后，帕提亚帝国（即"安息王朝"）与中国已经初步建立了丝绸贸易关系。到了唐朝，在中亚的粟特人成为亚欧文化交往的掮客，中国和波斯或开启正常的丝路交往。《史记》记载了汉初时期的汉使至安息，"安息王令将二万骑迎于东界"，及宛西小国，"皆随汉使献见天子"㉝，足以见出帕提亚国王非常重视汉朝使节，看重与中国的交往或贸易。魏晋时期的萨珊王朝多次派遣使节来华。至唐时期，我国西北地区与波斯商业交易频繁。"初唐麦罕摩特兴，波斯乃不自保，唐宋两朝屡贡方物。"㉞在"万国"的朝贡下，明清丝路贸易还以"朝贡"为手段。清廷通过"赏赉"或"恩赐"的方式对外国来华使臣赠予器物。张荫桓在日记中写道："（光绪十五年，1889年）十一日丁亥（3月12日）晴……波使出观该国刺绣桌幔诸物，不甚精致，又出观烟管……此波斯吸鸦片之器，拙笨可噱，且必以手按之，否则倾矣。承赠漆盒、棉纱袜，皆其土产，又映相一帧，纳交之诚甚切。"㉟这说明欧洲人和波斯人对这些异域器物迷恋至极。

▲ 图 5-3　南朝梁萧绎《职贡图》中波斯国使

　　另外，战争也是丝路物交往的间接途径。至元代，蒙古人西征，通过战争征服伊儿汗国，将其纳入蒙古国家政治体系，自视"伊儿汗"（即蒙古语"臣属汗"）。因此，波斯与中国保持着政治、经济、文化等往来关系，物的交往也因战争变得频繁。到了 14 世纪末，帖木儿帝国几乎侵占了波斯所有领土。撒马尔罕成为中西文化交往的重要枢纽城市，这里聚集了大量的中国工匠、艺术家和商人。

三、　中国和波斯交往的想象、互鉴与互生

在物的流动的同时，中国和波斯的丝路交往还伴随着工匠人员的流动，并在工匠流动中产生对"工匠集团"阶层的划分想象。

流动的丝路始终伴随商人、宗教徒、工匠等人员的频繁流动。中国和波斯之间的工匠流动主要是通过贸易、战争、宗教、婚嫁等方式展开的，工匠流动增进了两国工匠文明的交流，促进了彼此间工匠文化的融合发展，并在工匠流动中展现出中国工匠文明的侨易价值。

在唐代，大匠阿罗憾为波斯国酋长，曾任中国景教的总管。他精通建筑艺术，为武则天设计建造了"万国颂德天枢"。该建筑位于洛阳城西，"高105尺，八面，面各5尺。柱的基础，完全以铁铬铸，像一座山，周围170尺，高二丈；铁山之下又以铜龙来负荷；四周都是石刻的怪兽。天柱的顶部有一个云彩形的盖，高一丈，周围三丈，嵌着大珠，这大珠又由四条龙来承托。万国颂德天枢为一中西合璧式建筑，其宏伟和精巧在当时堪称绝品，显示了阿罗憾极高的设计才能和建筑技艺"[36]。来自波斯的建筑文化因阿罗憾得以在中国传播。或者说，波斯工匠文明因阿罗憾在中国得以生根与生长。在波斯阿巴斯王朝时期（750—1258年），中国和波斯之间的工匠人员流动更是频繁。为了积极发展海上丝路贸易，"（国王）阿巴斯赶走了葡萄牙人，在那儿（波斯湾）建立了一个自己的贸易区。他引进了中国工匠，来重建丝绸和地毯的贸易；他建造了新的道路和桥梁，为货物的顺利运输提供便利"[37]。在中国工匠的帮助下，波斯逐步建立了属于自己的工匠生产体系和贸易体系，实现了中国和波斯丝路工匠文明的交流与交往。1975年，在营州敖汉旗李家营子唐代墓葬发掘中，一号墓出土了5件金银器[38]，其中2件为典型的波斯银器。夏鼐先生研究认为，这2件金银器是舶来品[39]。二号墓出土的金带饰，"应是汉族工匠制造并输入此地的……一、二号墓的墓主人很可能是在此地经商的异族人。一号墓出土的随葬品，均为清一色的产自波斯和粟特的金银器，标志着墓主人生前仍然保持着使用波斯金银器的习惯，而不使用中国式的陶瓷制品，表明墓主人可能是来自西域的胡商……二号墓主人可能是来自内地在此处经商的汉人，死后偶然和西域胡商埋在同一个墓地"[40]。从这些出土的器物及其铭文看，中国和波斯之间的工匠流动是频繁的。从出土器物的风格与品类看，中国和波斯的工匠文明在互鉴中不断地模仿、融合与发展。

《唐会要》记载："开元二年（714年）十二月，岭南市舶司右威卫中郎将周庆立、波斯僧及烈等，广造奇器异巧以进。"[41]可见，市舶使周庆立和波斯僧及烈"广造奇器"，以至于柳泽上书谏曰："窃见庆立等，雕镌诡物，置造奇器，用浮巧为真玩，以诡怪为异宝，乃理国之所巨蠹，明王之所严罚，紊乱圣谋，汩斁彝典。"[42]周庆立和波斯僧及烈等广造奇器以进献玄宗，实际上间接地实现了中国和波斯工匠文明的交流与互鉴。不过，"中国工匠虽然也模仿萨珊器形制造金银器，但是花纹却带有中国的特点。安史之乱后，唐朝金银器已不用或很少使用萨珊式器形"[43]。显然，工匠文明互鉴在工匠流动中不断增进，也在各自文明中朝着适合自己民族生活与文化的方向发展。

在元代及以后，由于蒙古人的对外战争以及海上丝路的开辟，中国和波斯之间的工匠流动开始频繁起来，其流动方式也由原来的间接流动转为直接流动。譬如，通过战争俘虏工匠或请婚远嫁陪送工匠、招募工匠等方式，实现中国和波斯之间工匠人员的流动。但元代工匠的流动主要源于战争，譬如"蒙古人先来到厄尔布鲁士山，阿萨辛人就居住在山中堡垒里，他们相信他们的堡垒是永不陷落的。然而蒙古人有天才出众的将军和技术娴熟的中国工匠，他们把火炮运上山坡，将阿剌模忒堡团团围住。火炮还没发射，阿萨辛大首领鲁昆丁就恳求和谈"[44]。在元代，伊儿汗统治下的波斯和元朝政府往来甚密。"大约在1290年，波斯国王阿鲁浑，在其妃子卜鲁罕死后，曾派贵族三人为使者，来向元世祖忽必烈请婚。忽必烈同意这一请求，赐宗室女阔阔真与阿鲁浑为妃子，并特派马可·波罗等人护送，由海道前往波斯。马可一行除水手外共六百人，分乘具有四桅、十二帆的大海船十三艘，由福建出航，经爪哇及印度洋各地，辗转两年到达波斯后，阿鲁浑已死，阔阔真遂成为其子合赞汗的王妃。1297年，法克尔哀丁以合赞汗使者的身份，由海道来中国，拜谒元成宗铁穆耳，颇受优渥，并与一元朝贵族女子结婚，他留居中国很久，1305年才回波斯。"[45]远嫁波斯的宗室女阔阔真不仅带去了元朝的文化，更带去了元朝的工匠、艺术家以及其他使者。成吉思汗之孙旭烈兀是波斯伊尔汗国（13纪中叶至14世纪中叶）的创建人。他曾从中国招募大量包括炮手、瓷工、建筑等在内的工匠，在波斯制作大炮、烧制瓷器和营造中式建筑。"尽管旭烈兀家族在外建国，但是他们依然保留着蒙古人的特殊喜好。他们会定期派人前往中原购买瓷器、丝帛等，还会将波斯产的地毯、青铜器、搪瓷等带到元朝。"[46]很显然，元代的中国和波斯的工匠流动

▲ 图 5-4　香港葛氏天民楼基金会藏元代景德镇窑青花盘

主要是借助战争而展开的，并由此痛苦地带动了彼此工匠的流动以及工匠文明的互鉴。在明代，波斯商人哈智摩哈美德来华所见甘州"漆城"（位于河西走廊中部）盛况，足以看出西域人对漆器以及漆工的需求。《中西交通史料汇编》第 1 册之"赖麦锡记波斯商人哈智摩哈美德之谈话"记载："（甘州城）房屋构造，与吾国相似，亦用砖石，楼房有二三层者。房顶天花板涂漆，彩色互异，极其华丽。漆工甚众。甘州城内某街，悉为漆工之居也。"⑰甘州城之髹漆的建筑以及"漆工街"的史实暗示丝路上的漆器贸易十分兴盛，吸引了大批制作漆器的工人在此居住；"漆工之居"的描述也暗示波斯人对漆艺的喜爱与崇尚。

　　在萨珊波斯帝国时期，工匠已然成为社会结构中的一个独立集团，即工匠成为古波斯帝国的一个独立职业阶层。"萨珊波斯社会构成复杂，等级划分严格，独立的社会组织体系管理着许多不同的社会团体。早在雅利安人向外迁徙之前，其社会内部就有了种姓制度的萌芽。随着长期的迁徙、征战和最后转入农耕，萨珊社会逐渐形成了三个比较固定的职业集团——祭司、武士和农牧民。之后又分化出第四个职业集团——工匠。"⑱波斯工匠集团的出现，或是反映波斯对工匠在国家和丝路贸易中功能的发现，抑或是反映在萨珊波斯强盛时期对工匠需求激增的等级化想象。

实际上，"波斯的种姓制度在米底、阿契美尼德波斯王朝和安息帝国时期并无多大发展，依然是三个等级，只有到了萨珊时代，随着社会分工和阶级关系的发展，才形成了以职业划分为基础的四个种姓：祭司、武士、文士和平民"[49]。种姓"平民"，即包括农、工、商等非特权的阶层。换言之，波斯社会的工匠集团或是萨珊王朝的一种阶层想象，最终工匠还是被划分至平民阶层。不过，"工匠集团"的想象为古波斯工匠文明的发展带来极大的帮助。或者说，波斯工匠文化之所以发达，是因为15—16世纪的波斯帝国近乎是一个"多民族融合"的集团社会。美国学者房龙指出："波斯人是因为民族混杂才取得巨大成就的。波斯融会了几十个民族。17世纪伊斯法罕是阿拔斯大帝的首都，就像现在的纽约一样是一个国际中心。"[50]譬如大流士大帝时期，苏萨的宫廷营造诏令采用不少于3个国家的文字发布，建筑材料来自中亚、西亚、南亚以及欧洲的15个地区，参加营造的工匠来自不少于5个民族。正因为波斯是一个多民族的杂居国家，地理空间与人文思想也横跨亚欧非等广阔的地带。因此，波斯汲取了许多空间的文明，进而成为"艺术的圣地"和"欧洲人的老师"。

简言之，中国和波斯丝路交往中的工匠流动，不仅带来了彼此文明的融合发展，更形成了有利于自己国家发展的阶层想象，进而促进了中国和波斯工匠文明的交流与互鉴。

四、 中国和波斯工匠文化交往的影响系统

工匠文明已然成为中国和波斯丝路交往与互鉴的重要标本，中国工匠文明对波斯工匠文明产生了深远影响，波斯工匠文明也间接影响了中国工匠文明的发展。

在古代，中国和波斯的文明互鉴是基于双方物的流动和匠的交往，进而在丝路物的交往中实现了彼此文明的互进与互生。从波斯国家层面看，由于波斯汲取多文明融合的工匠文化，进而一度成为欧洲"艺术的圣地"；从中国国家层面分析，古老中国器物文明的博大在世界物的流动中始终处于绝对优势地位，进而在与波斯交往中显现出物质文明之外的独特吸引力。换言之，古代中国工匠文明在全球文明发展中的身份优势明显，在波斯等域外国家文明发展中发挥独特的功能与价值。

在物质文明之外，古代中国和波斯的丝路交往与文明互鉴还体现在制度文明层面的互动。在巨大的丝路贸易交往利益诱惑下，波斯帝国的工匠集团制度或是启发于发达的中国工匠文明而形成的，而中国的朝贡体系制度也在丝路交往中逐渐走向完善，试图成为全球交往的典范性模式。换言之，中国工匠文明在全球制度文明发展中产生了深远影响。

在古代中国和波斯的丝路交往中，物质文明和制度文明的彼此互鉴势必影响了双方精神文明的发展，尤其是在艺术精神、美学精神和宗教精神层面，毋庸置疑地对彼此国家人民产生了不可估量的价值与影响。或者说，丝路物的流动与工匠交往为全球精神文明发展提供了重要样态和独特形式。

注　释

① 譬如，公元前119年，张骞第二次出使西域时，曾派遣副使出使安息；公元97年，班超曾派遣甘英出使安息。

② 张然，普利斯曼，翟毅，等.英藏威廉姆森波斯湾北岸调查所获的中国古代瓷片［J］.文物，2019，（05）：53—68+81+97.

③ 王泽壮，岳晋艳.论波斯地毯艺术中的中国文化元素：传入与吸收［J］.回族研究，2018，28（03）：126—133.孟昭毅.中古波斯细密画与中国文化［J］.江西师范大学学报（哲学社会科学版），2017，50（06）：53—59.王季华.东方的优雅——论中国绘画对波斯细密画的影响［J］.美术研究，2010，（02）：78—81.

④ 徐彦.中国与波斯医文化交流研究［J］.求索，2011，（12）：66—68.

⑤ 冀开运.中国、美国与波斯湾各国互动关系透视［J］.回族研究，2012，22（03）：63—69.马建春.蒙·元时期的波斯与中国［J］.回族研究，2006，（01）：103—108.

⑥ 马平.波斯伊斯兰文明对中国伊斯兰文明的贡献及其深远影响［J］.回族研究，2004，（03）：100—103.

⑦ "以物为证"的论证风险在于，物本身并不完全能够成为证据链的一环，它或孤立于论证对象之外，或是作为"假物"而虚设于考察体系之中。因此，对于丝路交往的"文本文献分析"也是必要的，尤其是对丝路交往空间以及途径的文本文献分析对于"以物为证"是一种补充与完善。此外，无论是文物文本分析，还是文本文献分析，就考察对象而言，它所具有的"隐喻系统"是不能完全被阐释的，但不能没有"隐喻系统"的阐释。对丝路上流动的物本身的隐喻系统阐释，或能揭示它本身可能存在的知识结构与系统。因此，古物系统、文献系统和隐喻系统相协同的"三维系统阐释模式"，能够作为丝路文明系统的阐释方法和路径。

⑧ 张云.上古西藏与波斯文明：增订本［M］.北京：中国藏学出版社，2017：50.

⑨ 叶喆民.中国陶瓷史：增订本［M］.北京：生活·读书·新知三联书店，2011：171.

⑩ 顾风.扬州出土波斯陶及其在文化交流史上的地位［J］.东南文化，1988，（01）：37.

⑪ 傅亦民.唐代明州与西亚波斯地区交往——从出土波斯陶谈起［G］// 李克西.浙东文化资料汇编（四）.宁波：宁波市文物考古博物馆学会，1997：136.

⑫ 沈福伟.中西文化交流史［M］.上海：上海人民出版社，2014：190.

⑬ Priestman Seth M N. Settlement & Ceramics in Southern Iran： An Analysis of the Sasanian & Islamic Periods in the Williamson Collection ［D］. Durham：Durham University，2005：5.

⑭ 张然，普利斯曼，翟毅，等.英藏威廉姆森波斯湾北岸调查所获的中国古代瓷片［J］.文物，2019，（05）：53.

⑮ 夏鼐.近年中国出土的萨珊朝文物［J］.考古，1978，（02）：113—114.

⑯ 宁夏文物考古研究所，宁夏固原博物馆.宁夏固原隋史射勿墓发掘简报［J］.文物，1992，（10）：20.

⑰〔汉〕班固，撰，〔唐〕颜师古，注.汉书［M］.北京：中华书局，1962：3889.

⑱ 遂溪县博物馆.广东遂溪县发现南朝窖藏金银器［J］.考古，1986，（03）：246.

⑲ 韩孔乐，韩兆民.宁夏固原北魏墓清理简报［J］.文物，1984，（06）：48.

⑳ 彭金章，沙武田.试论敦煌莫高窟北区出土的波斯银币和西夏钱币［J］.文物，1998，（10）：22—23.

㉑〔汉〕班固，撰，〔唐〕颜师古，注.汉书［M］.北京：中华书局，1962：3890.

㉒〔宋〕欧阳修，宋祁.新唐书［M］.北京：中华书局，1975：1146.

㉓〔唐〕魏征，令狐德棻.隋书：第6册［M］.北京：中华书局，1973：1579—1580.

㉔〔清〕毕沅.续资治通鉴［M］.长沙：岳麓书社，2008：541.

㉕〔元〕脱脱，等.宋史［M］.北京：中华书局，1985：4563.

㉖ 黄启臣.广东海上丝绸之路史［M］.广州：广东经济出版社，

2003：457.

㉗〔南朝宋〕范晔，撰，〔唐〕李贤，等注.后汉书［M］.北京：中华书局，1965：2919—2920.

㉘〔西汉〕司马迁.史记［M］.长沙：岳麓书社，2016：841.

㉙白图泰.伊本·白图泰游记［M］.马会鹏，译.银川：宁夏人民出版社，2000：554. 另参见 Gibb, H. A. R. *The travels of Ibn Battita*, 1325—1354, 3 Vols. Cambridge University Press. for the Hakluyt Society 1958—1971. C. Defr6mery et B. R. Sanguinetti（tr. ）. Voyages d'Ibn Battuta, 5vols. Paris：Soei6t6 Asia tique, 1853—1859.

㉚转引自：顾宏义，李文整理，校标.金元日记丛编［M］.上海：上海书店出版社，2013：147.

㉛不过，这里的"汉人"非一般所理解之"汉人"。张星烺注解："吾人第一当知元代'汉人'之界说，与今代不同也。今代汉人，则中国本部之人，或由本部外移者。元代则称长江流域南宋之人为南人（见北京国子监元碑），而以黄河下流，中国土著，以及契丹、女真之人为汉人也……耶律大石西迁后，契丹人、汉人随之者甚众。观于《长春真人西游记》载邪米思干（Semiscant）（即萨马儿罕）'城中常十万余户，国破而来，存者四之一。其中大率多回纥人。田园不能自主，须附汉人及契丹河西（即西夏人）等。其官长亦以诸色人为之。汉人工匠，杂处城中'。即可知汉人随大石西至中亚细亚者之众也。"转引自：张星烺.中西交通史料汇编：第2册［M］.朱杰勤，校订.北京：中华书局，2003：863—864.

㉜鲍尔.世界的故事（3）——近代史：从伊丽莎白一世到淘金者［M］.狄晨霞，译.太原：山西人民出版社，2014：61.

㉝〔西汉〕司马迁［M］.长沙：岳麓书社，2016：844—845.

㉞〔清〕张荫桓.张荫桓日记［M］.任青，马忠文，整理.上海：上海书店，2004：370.

㉟〔清〕张荫桓.张荫桓日记［M］.任青，马忠文，整理.上海：上海书店，2004：370.

㊱曹增友.传教士与中国科学［M］.北京：宗教文化出版社，1999：5.

㊲鲍尔.世界的故事（3）——近代史：从伊丽莎白一世到淘金者［M］.太原：山西人民出版社，2014：61.

㊳张松柏.敖汉旗李家营子金银器与唐代营州西域移民[J].北方文物，1993，（01）.

㊴夏鼐.近年中国出土的萨珊朝文物［J］.考古，1978，（02）：113—114.

㊵张松柏.敖汉旗李家营子金银器与唐代营州西域移民[J].北方文物，1993，（01）：75—76.

㊶〔宋〕王溥撰.唐会要［M］.北京：中华书局，1960：1078.

㊷〔宋〕王溥撰.唐会要［M］.北京：中华书局，1960：1078.

㊸张松柏.敖汉旗李家营子金银器与唐代营州西域移民[J].北方文物，1993，（01）：74.

㊹马歇尔.东方风暴：从成吉思汗到忽必烈，挑动欧亚大陆［M］.李鸣飞，译.山西人民出版社，2014：181.

㊺汶江.古代中国与亚非地区的海上交通［M］.成都：四川省社会科学院出版社，1989：195.

㊻格鲁塞.草原帝国［M］.刘霞，译.北京：文化发展出版社，2018：172.

㊼张星烺.中西交通史料汇编：第1册［M］.朱杰勤，校订.北京：中华书局，2003：464.

㊽亓佩成.古代西亚文明［M］.济南：山东大学出版社，2016：232.

㊾亓佩成.古代西亚文明［M］.济南：山东大学出版社，2016：232.

㊿房龙.人类的艺术［M］.郭秀萍，程晨，译.北京：中国画报出版社，2016：138.

第六章

-

易位与创生：物流之路、资源重组与时空缔造

在全球史观视角下，丝路华物接通了中华文明和世界文明的根脉，重组了西方文明的思想资源、制度资源和技术资源，缔造了西方文明在发展动力、帝国身份、殖民攫取等方面的时空特质，启蒙了西方开拓世界的思想与眼界，激发了西方科学理性以及工业革命的发展。丝路华物已然实现从商品物向思想物、技术物和制度物的全球化流通与演进，彰显出从物的易位到文明创生的嬗变历程，展示了华物在全球丝路交往中的资源功能与时空价值。透视华物的丝路物流之路，对西方资源组合和时空缔造的历史规律极具启迪意义。

在世界文明史框架中，西方文明、东方文明、美洲文明、非洲文明、阿拉伯文明、印度文明等已然构成人类文明史的重要组成部分，尤其是东方文明中的中华文明在世界文明史中的地位和身份是显赫的。然而，在世界文明史叙事中，西方文明一直以来遮蔽或忽视了中华文明在整个世界文明体系中的价值与功能。实际上，基于欧洲中心论的西方学者不仅无视西方文明的流动性，也忽视了世界文明在流动中的资源重组和时空缔造的特质。正如埃里克·沃尔夫在《欧洲与没有历史的人民》中指出的那样，"人类世界是一个由诸多彼此关联的过程组成的复合体和整体，这就意味着，如果把这个整体分解成彼此不相干的部分，其结局必然是将之重组成虚假的现实"①。换言之，欧洲中心论者或有将世界文明整体解体成虚假欧洲文明史的潜在危险。本部分结合约翰·霍布森、埃里克·沃尔夫等学者的"西方文明的东方起源"思想，从丝路华物的世界流通入手，重点阐释丝路华物给西方文明所带去的思想资源、制度资源和技术资源的重组力量，较为详细地分析丝路华物在西方国家的时空缔造功能与文明价值体系，以此昭示世界文明体系中各大文明的互动性与交流特质，尤其是证明西方文明也绝非静止、孤立发展的文明体系，以此回应欧洲文明中心论者的偏见，进而重估中华文明在世界文明框架中的功能与身份。

一、 丝路：物流之路

被开通的丝路为全球交往提供了千载难遇的通途，抑或如恩格斯（Friedrich Engels，1820—1895 年）所言，"现在这里已经是道路纵横的地方，而这样一来也就给文明开辟了进入这个偏僻地方的道路"②。西方文明正是在丝路交往中得以启蒙、重组和缔造的，而物质交往（或贸易交往）是丝路交往的主要基础，文明交往是丝路交往的最高形态。因此，丝路或为物流之路，它或开辟了全球文明交往、传播与互鉴之路。被留下的丝路遗物能确证华物在全球交往中的关键身份。

1. 阿拉伯伊斯兰中东和非洲丝路遗物

在公元 500—1500 年间，阿拉伯伊斯兰中东和非洲是东西文化交流的中间地带，尤其是伊斯兰阿拉伯和北非连接了亚洲文明和欧洲文明，将东方中华文明通过阿拉伯和北非传播至欧洲大陆③。在这条横贯亚欧的中间地带，至今还留存数不胜数的丝路华物。

约翰·霍布森认为，在公元 500 年之后的亚非大发现年代，伊斯兰和非洲开创者构建了世界和全球经济交互的桥梁④，因为在约翰·霍布森看来，"重大的发展是一系列相互联系的世界性帝国的出现，它们能确保极其重要的和平环境，使陆上以及海路贸易繁荣起来。中国唐朝（618—907 年）、中东的倭马亚王朝（661—750 年）和阿拔斯王朝（750—1258 年）、伊斯兰帝国（632—1258 年）以及北非的法蒂玛王朝（909—1171 年）的崛起，都对广泛的全球贸易网络的形成起到了至关重要的作用"⑤。伊斯兰帝国的商业思想为全球交往提供了动力。伊斯兰《古兰经》就十分注重商业资本及其流通，对于穆罕默德来说，商业和宗教没有本质上的隔阂，他甚至认为"贫穷近乎一种叛教"⑥。或者说，伊斯兰教是看重商业贸易和理性资本主义投资的，并积极投身东方的丝路贸易活动。因此，"东方全球化的诞生在很大程度上归功于伊斯兰中东和北非。北非的穆斯林（和黑人）以及中东的穆斯林是真正的全球资本主义先驱"⑦。伊斯兰教通过宗教和商业向他们的周边迅速扩张，东至亚洲的中国、朝鲜和日本，西达欧洲大陆，向南扩展到北非以及南亚次大陆等地区，进而续通了中国人开辟的丝绸之路，以至于织就了规模宏大的全球经济与物流之路，包括大陆丝路和海上丝路。

在中国境内以及域外，不断出土的与波斯文明相关的丝路遗物已然成为中国和波斯丝路交往的关键锁链。在西藏昌都市卡若遗址发掘中，曾出土了"一种长方形骨片，靠近两端刻有横槽，这与伊朗西部克尔曼沙甘吉·达维（Ganj Dareh）新石器时代早期遗址所见的骨片如出一辙"[8]。该骨片可能是早期西亚波斯与西藏文明交往的远古物证。这里的石珠和汉墓中出土的丝织物上带有波斯风格的纹饰联珠类似。石珠是古代波斯人对太阳神的崇拜物，多装饰于建筑[9]、锦缎、青铜器等空间，也偶见于吐蕃墓葬[10]、敦煌[11]或其他佛教壁画[12]。石珠联珠纹是古波斯萨珊王朝（224—651年）最为"时尚"的装饰纹样，汉唐中国织锦有类似的石珠纹。或者说，拉达克出土的石珠与波斯文明不无关系。就出土遗物而言，骨片和石珠至少能推测从新石器时代到公元7世纪之前的中国和波斯或存在某种文明的交往。

在非洲大陆，根据《中国古瓷在非洲的发现》研究显示，涉及非洲

▲ 图 6-1　伊拉克星期五清真寺

17 个国家和地区的 200 多个地理地点，其中国古瓷的出土数量多、瓷种繁、分布广，并且中非瓷器交往与使用的延续时间长[13]。就目前出土资料显示，比较集中的中国古瓷出土地有北非的埃及福斯塔特（发现中国古瓷多达 10106 片），开罗市东端阿斯巴尔清真寺、丹埃得哈布港、摩洛哥等地；东非的埃塞俄比亚、索马里、肯尼亚、坦桑尼亚等地；中南非的津巴布韦、莫桑比克、赞比亚、马拉维、扎伊尔、博茨瓦纳、马达加斯加、毛里求斯、圣赫勒拿等地。

2. 欧洲丝路遗物

在欧洲，丝路华物连接了中国和德国、英国、法国、荷兰、葡萄牙、西班牙等国的文明交往，重组了欧洲国家的思想、制度、技术等文明发展中的重要资源。

在与葡萄牙的丝路交往中，瓷器是最为亮眼的华物。1995—1997年间，考古人员在葡萄牙中部城市科英布拉旧圣克拉拉修道院遗址考古中，发掘出土了约 5000 件中国古瓷片，可复原古瓷片或有 400 余件[14]。经过考古鉴定，这批古瓷片的生产时间和属地属 16 世纪中后期的中国景德镇。就器类而言，该遗址发掘的古瓷以青花瓷为主，有盘、碗、碟、杯、瓶、盆、罐、壶及器盖等。该遗址发掘的中国古瓷或构成中葡丝路交往锁链的"关键环"。古瓷作为"物的锁链"，它或见证了全球丝路交往的历史及其景观，昭示出中葡器物贸易或物的交往的历史事实。

▲ 图 6-2　葡萄牙里斯本古代艺术博物馆藏中国风瓷器

在与荷兰的丝路华物交往中，瓷器、漆器、丝绸等是运往荷兰的主要华货。1610 年，荷兰东印度公司商船[15]运往荷兰阿姆斯特丹的中国精美瓷器多达 9227 件。1751 年，满载中国货物的海尔德马尔森号商船从广州开始返回阿姆斯特丹，但于次年 1 月 3 日航经新加坡海峡附近触礁沉没。从海牙国立档案馆保存的本次商船的中国货单上可清晰地看出，"这次海难损失了价值 80 万荷盾的船货，其中瓷器 203 箱 239000 件……还有纺织品、漆器、苏木、沉香木等，全部沉没"[16]。可见，瓷器、漆器等是运往荷兰的主要中国货。经过漫长的 233 年，即 1985 年，英国打捞商人米歇尔·哈彻（Michael Hatcher）[17]在中国南海南部毗邻印度尼西亚宾坦岛附近的吉德亚多夹暗礁处，意外发现 1752 年沉没的荷兰东印度公司商船海尔德马尔森号沉船遗址，并打捞出水乾隆年间景德镇生产的青花盘、瓷碗、黑彩执壶等约 15 万件[18]。根据海牙国立档案馆保存的货单推测，本次海难损失的瓷器可能不少于 80000 件，也可看出从中国输入荷兰的瓷器数量惊人。

在与德国的丝路交往中，造纸、雕版印刷、瓷器等是中德物的交往的主要媒介。大约在 8 世纪中叶，中国的造纸术经中亚传至阿拉伯世界。直至 14 世纪，意大利成为欧洲造纸术的传播基地，并由此也传至德国等欧洲国家。

除了以上欧洲国家之外，英国、法国、西班牙等国的丝路华物遗物也很多。华物作为丝路上的商品物沟通了中国文明和欧洲文明，连通了丝路沿线民众的思想、技术和精神，并逐渐使得作为商品的华物转换为欧洲的思想物、制度物和技术物。

二、 资源重组：思想、制度和技术

在公元 500 年至 1800 年间，丝路物的流通加速了全球文明的交往速度，引发了丝路文明交往所带来的欧洲资源重组和崛起[19]。约翰·霍布森认为："东方通过两个主要步骤促进了西方的崛起：传播 / 吸收和掠夺……这些更为先进的东方'资源组合'（resource portfolios）（如东方的思想、制度和技术），通过我称之为东方全球化的途径传播到西方，然后被其吸收。"⑳或者说，西方文明从东方尤其是中国攫取了大量的资源组合，以此实现欧洲资源的重组与再构。

1. 思想资源重组

宗教思想重组。佛教文明、基督教文明、伊斯兰文明等都是通过丝路传播到了世界各地，而宗教文明的丝路传播有一个重要的特征，那就是借物传教。㉑所谓"借物传教"，即将宗教思想的传播同丝路物质交往紧密联系在一起，借助方物与华物的交往而传播宗教思想，进而引发欧洲技术革命。譬如纸张的发明和印刷技术的推广带来了欧洲印刷技术的革命，启发了德国古登堡铜活字印刷术的发明，进而引发了欧洲宗教改革，加速了欧洲资产阶级革命㉒。印刷术几乎变成欧洲新教传播和资产阶级革命的工具，以至于它同火药、罗盘一起被马克思列为欧洲资产阶级社会到来的三大发明。同样，西方传教士通过携带西洋器物馈赠给中国官员，以打通他们传播教义的大门。或者说，西方传教士将器物赠送给中国官员，等于是为传播宗教思想买单。因此，传教士借助物的力量达到宗教思想传播的目的，由此商品物就转换成为一种思想物。换言之，中华儒家文明和基督教文明在丝路物的交往中已然迈向一种思想组合。当然，器物交往是传教士在华传教的辅助性交往方式，以此来更好地传播西方宗教文明。㉓传教士的器物交往间接地将中外器物文化在宗教思想组合中实现了互动与互通。

哲学思想重组。在哲学精神层面，崇尚科学和理性是18世纪欧洲启蒙思想家普遍的精神追求，中华诸物为欧洲人对中国诸物的精神需求，甚至为启蒙思想家直接提供了批评的精神武器。通过阅读传教士著述以及传教士从中国带回去的图书，沃尔夫、歌德、莱布尼茨、伏尔泰、孟德斯鸠等欧洲启蒙思想家对中国制度、中国哲学、中国技术、中国伦理等做了一种乌托邦式的精神想象，为欧洲的思想启蒙带去东方的思想亮光和精神智慧。德国启蒙思想家对中国器物赞赏有加。在歌德的私人收藏品中，"有一把精致的中国纸伞、一个装着火绒的小漆盒"㉔。歌德还在杜赫德《中华帝国全志》的影响下，建构他的理想社会，形成了关于德国社会的改良主张。显然，中华诸物文化对德国哲学文化的创生与

▲ 图 6-3 1828 年约瑟夫·卡尔·斯蒂勒《歌德像》

思想影响是明显的。从 17 世纪中叶到 18 世纪中叶，欧洲的思想家、哲学家和文化学者在"中国风"的影响下产生了自我理性世界的思维动力，进而启蒙了德国民众对哲学思想的创生与发展。譬如，德国哲学家莱布尼茨对中国研究投入了很多精力，他本人对当时一切与中国有关的文化都兴趣浓厚，包括中国的器物文化，特别是对孔子及其思想持有肯定态度。他在《中国新论》（1691）中建议，中国与欧洲的两大文化传统应互相学习借鉴，并提到了儒家处世之道，将孔子描述为中国的启蒙思想家，对孔子的德行推崇备至。换言之，此时欧洲启蒙哲学家的理想王国与他们创构的中国形象是契合的，华物为欧洲启蒙思想的出场提供了组合动力与哲学基础。

2. 经济思想重组

华物在欧洲的传播与吸收或带给欧洲人经济思想的重组。利奇温在《十八世纪中国与欧洲文化的接触》中如是说："漆器在路易十四时代，仍

（被）视为一种特殊而罕有的物品。但不久，各种形式的漆器就广为流行，因为到处都滥用这种精细的器物，曾引起了老弥拉波侯爵（Marquis de Mirabeau）从经济方面出发的愤怒指责。"㉕小小漆器引起侯爵的愤责，这主要是因为漆器关乎对欧洲白银大量流入中国的担心。显然，华物在欧洲的使用、传播及其想象、重组，创生了一种经济恐慌。为此，为了减少白银支出，欧洲人开始仿制中国漆器和瓷器，并进行了规模化的资源重组和经济生产。

3. 制度资源重组

丝路交往不仅是物的交往，还伴随着宗教、政治、经济等思想的交往，带来全球制度交往。

农业制度重组。18 世纪之前，英国人曾试图在殖民地孟加拉种植漆树，以解决髹漆原材料生漆的供应问题。于是，欧洲人在殖民地开辟了新的生漆种植制度。另外，法国的重农制度来自中国道家的自然思想，荷兰的农业制度革新来自中国农业技术和制度资源的重组。1931 年，保罗·莱塞（Paul Leser）指出，"现代欧洲的犁起源于中国。如果没有引进中国的犁，欧洲就可能不会有农业革命。"㉖约翰·霍布森随后指出："荷兰'杂牌'犁的各个特征在中国都能找到。……显然是（17 世纪居住在东亚的）荷兰人带回了实际的中国犁的模型，并据此创造了荷兰犁或'杂牌'犁，这种犁随后又被改造为英国罗瑟勒姆犁"㉗。约翰·霍布森回应了欧洲人弗朗塞斯卡·布雷的观点以及"犁鼻祖"（1784 年）詹姆斯·斯莫尔（James small）的称谓，维护了罗伯特·坦普尔的观点，即"在欧洲的农业革命中，没有能比采用中国犁这样更重要的因素了"㉘。同样，约翰·霍布森认为，18 世纪 20 年代，法国人首次带回了发源于中国公元前 2 世纪的旋转风扬机，其随后传入瑞典和荷兰。另外，公元前 3 世纪的条播机在 19 世纪中期得到广泛使用，18 世纪早期阿拉伯普遍使用中国的马耕技术。显而易见的是，丝路上流动的中国农业器具给阿拉伯文明和欧洲文明带去的不仅是农业生产的使用工具，更给他们的农业文明资源重组带来了新机。

手工业制度重组。14 世纪以后，荷兰的手工业进入发展期，尤其是农村手工业发展较欧洲其他国家更为突出。"在 1350 年以前，有一批数目相当惊人的产业工人散布在各个村庄中，其中除了我们所料想到的木匠、铁匠、马具匠、屋顶匠、车夫外，还有漂练工、染工、制皂者、硝皮匠、制针匠、黄铜匠，以及许多其他工人。"[29]16—18 世纪荷兰共和国的手工业工匠很多来自德国、英国、法国等国家，因为荷兰较低的入会费用以及发达的手工业吸引了外地工匠的加入；同时，国家也经常有序地招募来自英国等域外的技术工匠[30]。流动的工匠带动了工匠技术及工匠文化的流动，进而大大促进了荷兰手工业文化的快速发展。有文献记载："荷兰行会分为大行会和小行会两类。大行会包括下列 7 种行会……小行会通常有 16 个：屠夫、鞋匠、铁工、皮革工人、石匠、葡萄酒商、烘面包工人、油脂商、猪肉屠夫（与一般屠宰又有所区别）、麻布商、锁匠、武器匠、马具匠、马鞍匠、木匠、旅馆主人。"[31]荷兰的大小行会里拥有来自欧洲的大量的工匠，他们分工很细，承担荷兰手工业生产工作，为荷兰手工业发展提供了强有力的生力军。或者说，荷兰的行会制度重组为荷兰手工业的发展提供了保障。

4. 技术资源重组

工匠技术重组。1522 年，葡萄牙人马丁·阿丰受命来到澳门，他们按照葡萄牙城市城堡结构及其技术，在澳门修建了城堡体系，以便巩固葡萄牙人在澳门的统治。明代学者严从简《殊域周咨录》载："有东莞县白沙巡检何儒，前因委抽分，曾到佛郎机船，见有中国人杨三、戴明等，年久住在彼国，备知造船、铸铳及制火药之法。令何儒密遣人到彼，以卖酒米为由，潜与杨三等通话，谕令向化，重加赏，彼遂乐从。约定其夜，何儒密驾小船，接引到岸，研审是实，遂令如式制造。"[32]可见，中国工匠杨三、戴明等人在中葡造船、铸铳、制火药等技术文化交流史上发挥了很大作用。中国的铁、武器、生产工具、日常器物等无不为缔造欧洲文明带去了新鲜的血液，但"欧洲中心论者常常忽视这些成就，他们认为中国对铁的使用只是局限于武器和装饰艺术，而不是用于工具和生产方面。但事实上，铁被用于制造日常用品和工具，正像我们在工业革命中所期望的那样。这包括刀、斧子、凿子、钻子、锤子和木槌、犁、铲和锹、手推车轮轴、车轮、马靴、烹饪器具、水壶、钟、吊桥上的链子、装有铁甲的门和岸望塔、桥梁、印刷用的边框和活字"[33]。毋庸置疑，这些中华物为欧洲工业革命提供了大量的资源组合。

艺术技术重组。波斯陶瓷工匠的制瓷技术或来自中国陶瓷工匠，而中国的陶瓷工匠同样也受到波斯陶瓷工匠及其艺术的影响。譬如唐代长沙窑出土的波斯风格陶瓷，采用了"模印贴花"工艺，明显受波斯萨珊王朝时期的工匠所创造的金银器"捶揲技艺"影响。波斯艺术与中国艺术互鉴的例子不胜枚举。在葡萄牙中部城市科英布拉旧圣克拉拉修道院遗址发掘的"修女的瓷器"，已然昭示葡萄牙宗教文明吸收了中国瓷器文明。从 16 世纪起，中国瓷器无法满足葡萄牙民众的日常消费。于是，葡萄牙人开始购买和使用欧洲的仿中国青花瓷。根据考古发现，在阿姆斯特丹发掘有仿造"中国造型和图案"的景德镇青花瓷，这些被称为"汉堡瓷"的或是在里斯本仿制的冒牌"青花瓷"[34]。为了获得大量有葡萄牙人风格的中国瓷器，"订购"或"定制"也就成为包括葡萄牙人在内的欧洲人获得中国陶瓷的一种方式。

▲ 图 6-4　湖南长沙出土长沙窑瓷壶

工业技术重组。约翰·霍布森从中国学者王祯的《农书》（1313 年）里看到了蒸汽机发明来源于中国首次用于公元 3 世纪的水力风箱的证据。他这样指出："通常人们认为，瓦特的蒸汽机是威尔金森机器的改进，但威尔金森的发明却或多或少与王祯的一样。尽管不明显，唯一不同的是对机轴的使用（这是欧洲人于 500—1700 年间四个真正的独立发明之一）。此外，有必要提到中国的箱式风箱，一种双向运动压力抽气泵，每拉一次，活塞的一端就会排出空气，同时活塞的另一端将吸入等量的空气。不但这种风箱和瓦特的蒸汽机'外形近似'，而且在 17 世纪晚期，中国人还发明了蒸汽涡轮。"⑤约翰·霍布森回击了欧洲中心主义特别强调的英国以煤炭革命性地取代了木炭的假想，因为中国早在 11 世纪就用煤炭替代木炭，也回击了 1863 年马丁和西门子"首次"使用炼钢工艺，因为早在公元 5 世纪中国就采用鼓风炉将铸铁和锻铁混合到一起的合熔炼钢法。为了降低生产成本，1852 年，贝西默发明"转炉炼钢法"，但直到 1788 年，英国的钢产量只能维持在中国 1078 年的水平之下。"英国生产商在科比钢厂进行实验的目的，就是仿制中国古代的炼钢技术。标准钢（uniform steel）的产生，证明了这些实验是成功的。"⑧另外，纺织机是中国 11 世纪就使用的丝绸织机，与詹妮纺纱机"唯一的差别是，中国的纺织机是用来纺织丝绸的，而非棉花。然而，正是中国丝绸纺织技术的传播，才最终为英国的棉纺技术打下了基础。中国的纺织发明第一次传播到欧洲是在 13 世纪（这促成了意大利丝织工业的兴起）。接着，意大利人可能又把这种思想传播到英国"⑦。同样，英国工业革命中也大量使用中国的铁索桥、钻头、轮船、运河闸门等技术，因此，约翰·霍布森指出："这些并不能说英国的工业化仅以中国为基础，但可以说英国的工业化明显地建立在'外生性'变革的过程之上，这种变化可以追溯到比西方早 700 至 2300 年中国的许多创造性发明上。比较合理的说法似乎是：英国钢铁工业和棉纺工业的重要意义不仅表现在它们是'后发性'方面，还表现在它们的模仿能力上。……如果没有中国的这些贡献，英国很有可能还是一个渺小而落后的国家，游离于一片同样落后的欧洲大陆边缘，而欧洲大陆则从公元 500 年起就游离于田亚非引导的全球经济边缘。"⑧约翰·霍布森认为，欧洲启蒙运动思想是直接从东方中国借用的，"西方崛起的下一个重要阶段是英国工业革命的成功，这尤为欧洲中心主义所称道……此外，英国农业和工业革命所依赖的大多数重大的科学技术都是中国发明的，并通过全球许多商业路线进行传播。这些技术包括播种机、马拉锄、曲辕铁铧犁、旋转风扬机、作物轮种法、煤和鼓风机、钢铁生产技术、棉纺技术、运河及水闸、蒸汽机以及更多的技术思想等"⑨。可见，华物给欧洲的工业革命带来了技术资源和重组力量。

简言之，华物在丝路交往中为欧洲国家的资源重组带来了契机，尤其是为欧洲 17—18 世纪的科学技术思潮以及工业革命提供了中国的资源组合，^⑩为欧洲文明在思想资源、制度资源和技术资源的重组中提供了中国思想和中国经验。

三、 时空缔造：动力、身份和攫取

作为资源组合的华物在欧洲文明发展中的功能和影响是显赫的。或者说，作为东方资源的华物在东方化西方的兴起中发挥了时空缔造的动力作用。

1．动力缔造

海外扩张。从贸易、战争和内部统一崛起的欧洲许多国家，面对资源的短缺、商业发展的制约以及国家资本发展的需要，它们必然走向海外扩张之路。"从事海外扩张的主要国家是葡萄牙、卡斯蒂利亚－阿拉贡（西班牙）、荷兰省联邦、法兰西和英格兰。每个国家都是特定环境和与其自身相适应的特定策略的结果。"^⑪欧洲的葡萄牙是"第一个在寻求财富过程中发展成扩张活动中心的欧洲政权"^⑫。15 世纪左右，葡萄牙帝国利用了世界各大文明成果，为发展成一个海洋性帝国，积极地发展海洋事业，展示出一个向海而生的海外战略目标。他们汲取了希腊人的海洋文明和智慧，改造了中国的指南针，再设计了阿拉伯人的三角帆，筹建了专门培养航海家的航海大学，兴建了地理专业的图书馆，发明了用于海战的大炮……这一切无不显示出葡萄牙人走向海洋帝国的战略雄心与准备。在葡萄牙海洋战略的谋划下，葡萄牙的航海家巴尔托洛梅乌·迪亚士探险至非洲好望角，瓦斯科·达·伽马开辟了通往印度的新航线，佩德罗·卡布拉尔发现了达加斯加和巴西，阿尔布克尔克征服了果阿和马六甲，斐迪南·麦哲伦成功地环航了地球……这一串享誉世界的航海家及其航海业绩显示出葡萄牙帝国海洋战略的成果，展示出海洋霸权帝国或正在走向成功。毋庸置疑，葡萄牙的航海家们在探险与征服中改写了 14 世纪之前葡萄牙被希腊、罗马、北非和阿拉伯人征服的历史。1514 年以后，葡萄牙航海家在海外探险中发现了远东富饶的中国。1571 年，费尔南·佩雷兹·德·安德拉德来到了广州，与大明朝廷发生了直接的接触，标志着近代中国与欧洲的丝路交往正式开始。1557年，葡萄牙人便利用租借澳门的机会，与中国发展海上丝路贸易。直至1887年12月1日，葡萄牙与清朝政府签订了通商条约，正式续租澳门，澳门也因此成为欧洲国家在东亚的首块通商领地。不仅如此，葡萄牙航海家们还开辟了早期的大西洋航海体系、印度洋航海体系以及去往巴西的太平洋航海体系。航海家们的海外探险不仅发现了地理世界，还发现了物质世界或全球资源，尤其是发现了中国的漆器、瓷器、丝绸以及东南亚的香料，更发现了印第安人的矿产资源。由此，葡萄牙帝国成为欧洲国家向外探险和扩张的先驱。

▲ 图6-5　美国纽约大都会博物馆藏清代屏风上帆船

15世纪末，荷兰人绕过好望角取南道航行，与中国沿海一带展开经济贸易。在《明史》中，荷兰人被称为"红毛番"。17世纪，荷兰掌握了海上贸易量的八成以上，远超过西班牙与葡萄牙的对外航海能力。与中国通商的资本利润直接诱惑荷兰人绕过好望角取南道航行，最终在巴达维亚形成与中国贸易的海丝据点，以至于后来在此组建了荷兰东印度公司。17世纪，东印度公司的组建与发展暗示荷兰资本主义大国的快速崛起，荷兰东印度公司几乎垄断与控制了海上贸易。荷兰以广州港、台湾为商业贸易中心站，派往中国的使节及商船众多。但到了1780年英荷战争之后，英国继而成为海上霸权国家。

在早期中英丝路交往中，英国人的丝路贸易冲动主要来自对财富、资源及技术文化的渴望。在全球范围内，"15世纪早期，中国的财富、技术及文化的多样性都远胜欧洲"[43]。此时，处于扩张与资本积累时期的英国，为了在东印度地区掠取大量资源与原料，于是在1600年成立了东印度公司，并于1613年在印度苏特拉设立贸易站以用于丝路往来贸易，进而获取来自东方的技术资源与生产原料。明崇祯十年，即1637年6月，英国船长约翰·威德尔率领商船团队第一次抵达中国广州[44]，由此拉开中英丝路交往的大幕。1780年英荷战争之后，英国取代荷兰继而成为海上霸权国家，进而控制了海上丝路贸易。英国东印度公司成为中英丝路交往的主要平台，中国的大量匠作器物从这里被中转至欧洲国家。此时的广州港仍然是中外海上丝路贸易的中心，广州港也成为全球器物交换地。法国人布罗斯在《发现中国》中如是指出："在同一阶段，于广州靠岸的欧洲船舶总数，每年从10多艘增长到40多艘，其中有三分之二是英国船。"[45]布罗斯的描述暗示中英贸易在逐渐扩大。或者说，中国的漆器、瓷器、茶叶等货物也由英吉利洋船源源不断地输入英国。实际上，18—19世纪的中英贸易以民间贸易为主，此时的很多英国商人被称为"瓷器人"，尤其是到了18世纪中后期，清朝政府颁布实施"迁海令"，严禁海上丝路贸易。然而，此时的欧洲国家正处于世界范围内经济扩张与殖民拓展的高峰时期，清朝政府的闭关锁国政策无疑引起英、法等欧洲国家的强烈不满。

与荷兰、英国相比，法国在华的殖民扩张贸易相对滞后，主要通过印度以及东南亚一些国家作为殖民中转站，与中国发生间接商业贸易。1664年，为了监管非洲、印度以及印度洋其他岛国的贸易，法国设立法属东印度公司。1685年，路易十四与清廷开始交往。1698年，法国东印度公司商船"昂菲德里特"（Amphrityite）号在拉罗舍尔港起碇驶向中国广州港，进行海上漆器、瓷器等贸易活动。1701年，"昂菲德里特"号再次出发，于1702年来到中国广州，展开丝路贸易。1703年，即康熙四十二年，该船从中国广州港满载中国漆器、瓷器等大宗货物返航法国，以至于后来法语中把精美的中国漆器直接称为"昂菲德里特"。在乾隆八年至二十一年间（1743—1756年），法国商船来华贸易极其自由与频繁，中国大量的奢华漆器、瓷器被运往法国宫廷，进入普通人的生活空间。

内生发展。内生发展是每一个文明体系所具有的独特发展偏向，欧洲文明固有的文明根基决定自身发展必然具有对欧洲思想、制度和技术的内生性发展[㊻]。在丝路发展体系下，全球商业与贸易为欧洲国家发展提供了内在发展动力。或者说，全球贸易以及资本国家联盟促进了欧洲国家内生发展动力的迸发，尤其是欧洲国家对华物的攫取与掠夺，为欧洲国家内生发展提供了不竭的资源。实际上，"在欧洲发展的每一个重大的转折点，对优越的东方思想、制度和技术的吸收起了重要的作用。……但是重要的技术——马镫、马轭挽具、水车和风车，也许还有铁制马掌和中世纪的犁——都来自于东方，从而确保了欧洲中世纪的经济和政治改革。……意大利金融改革的主要动力来自于东方。因为在那里（主要是中东）首先发明了合伙制和合同、支票、汇票、银行业、货币交换、对贸易和投资的有息贷款、合同法以及合理的会计制度，所有这些都传到了意大利并被其吸收。所有促进中世纪航海革命的重大技术——指南针、地图、船尾舵、方形船体、多桅杆体系和斜挂三角帆——都是中国人或伊斯兰中东发明并完善的"[㊼]。很显然，华物为欧洲国家带去了内生性发展的资源和动力，尤其是在工具、技术、制度等领域的中国资源组合上显示出独特的功能。

2. 身份缔造

身份缔造。身份是在社会实践或人类活动中诞生的，欧洲人的身份是在不断向外扩张与贸易中诞生的。华物及其技术为欧洲人的身份（特别是基于帝国主义理论的种族主义身份）地位提供了介质，并为后来的欧洲崛起打下坚实的基础。"帝国的创立与商业又创造了扩大的交流网格，将不同的群体集合在占支配地位的宗教或政治意识形态之下。这些过程共同塑造了一个世界，不久之后，欧洲便会重组这个世界，以满足其自身的需要。"[㊽]约翰·霍布森认为，欧洲身份重塑于启蒙运动时期，这个时期恰恰是欧洲和中国最为密切的时代，但不能认为欧洲身份的缔造来源于哪些政治家或经济家以及军事利益集团。"事实上，它的缔造者主要是学者、知识分子、教师、科学家、旅行家、小说家、新闻记者、基督教传教士、政治家和官员。"[㊾]或者说，行走于丝路上的商人、传教士、旅行家等是缔造欧洲身份的主要群体。

审美缔造。明清时期，纤巧与奢华的瓷器、漆器、丝绸等中国匠作物在一定程度上契合了欧洲人的审美趣味。譬如，当德国人厌倦了严肃的哥特式和奢华的巴洛克艺术时，中国艺术那种亲近自然而又散发生活情调的美学趣味便快速地被德国民众接受，进而瞬间走进了德国民众的生活。同时，自然、生态和富有道德理性的造物美学已然成为18世纪德国人评判当时社会文化的一种工具，进而使得德国人用中国趣味改变了他们的旧有趣味，并向一种崇尚自然、纤美和典雅的罗柯柯艺术风格转型，特别钟情于模仿自然图案与生态美学趣味。很显然，这种艺术风格或来自古老中国的自然哲学和生存智慧。德国人利奇温指出："在老子的人格中，可以窥见罗柯柯的精神与东方的精神的会通。产生瓷器及福建花纸的艺术，可以溯源到老子的精神。漆橱、瓷器及色丝，以及欧洲人称羡的中国物品，无不隐寓老子的精神。"[50]抑或说，中国器物在对清新自然图案的钟情以及自然精神上恰好迎合了德国人的美学情趣。换言之，自然情趣也成为18世纪德国民众的普遍追求或内在需求。

▲ 图 6-6　清嘉庆象牙外销扇

3. 攫取缔造

　　殖民掠夺。除了通过丝路贸易之外，中国与欧洲的丝路交往还有一种方式，即殖民交往。实际上，"帝国遏制战略是与文化改造联系在一起的，它涉及到把强迫接受自由贸易作为限制殖民地工业化的一种手段。这里我们转向第三个种族主义双重标准：尽管自由贸易政策被宣称是帮助或开化殖民地，但其结果是，以东方国家为代价促进英国经济的发展"[51]。资本主义的殖民扩张是打开中国市场和掠夺中国资源的一种不平等交往方式。伴随欧洲工业革命的发展以及科技成就的取得，在地理大发现以及航海技术的驱动下，欧洲与中国的贸易开始由早期的平等性贸易转向不平等性贸易。这正如马克思所言，"如果一方是主体，另一方是客体，那么双方就不能实施平等的交换，而是一方对另一方的支配和剥夺"[32]。譬如，欧洲国家在中国通过各种途径将中国的工匠带到马尼拉或南美洲，为他们的殖民地手工业生产服务。欧洲国家也在中国青岛等地开辟他们的殖民地，"与将青岛扩建为德国文化中心并行，根据殖民政府的规划，自1905年始应将这个殖民地也扩建为德国在中国的经济中心"[33]。很显然，殖民扩张作为丝路交往的一种样态或路径，一方面促进了中外国家物质文化的交往，另一方面也存在支配和剥夺的不平等性，给中国工匠和中国民众带来了很大痛苦，给中外交往平添了一层不光彩的历史阴影。譬如对于葡萄牙人来说，与其说是丝路交往，不如说是海外掠夺与殖民扩张。葡萄牙是近代西方第一个与中国正式发生官方接触的国家。葡萄牙人通过贿赂、战争、走私、宗教、贸易、殖民等多种手段，建立了海外通商口岸或殖民中转站，进而开辟了大航海贸易航线，实现他们对世界的扩张欲望或侵略野心。为了获得更多的利润，葡萄牙人不断地在东非、印度、中国、日本、巴西等地开辟殖民地，扩张他们的全球贸易体系。为了销售瓷器，葡萄牙商人在澳门专门设立了瓷器贸易中转站，在里斯本开辟了专门销售中国瓷器的"格尔明"街道，进而形成葡萄牙人的全球陶瓷贸易体系。

侵略战争。伴随18世纪后期英国工业革命的深入发展，新兴的欧洲工业革命"机械技术物"正向全球市场扩展，华物在18世纪后期全球物的交往中逐渐失去传统优势。丝路华物最终迎来西方帝国对近代中华物的遏制战争和不平等贸易，其结果是以中国去工业化为代价促进欧洲文明改造与发展[54]。西方国家正是通过战争掠夺的方式实现国家资源、技术和制度的重组与文明的改造的。因此，"帝国的'文明使命'中存在着一种基本矛盾文化改造，旨在使'东方民族'的文明程度提高到英国文明的水平（帝国使命的文明部分），而遏制政策又需要抑制东方国家的经济发展"[55]。换言之，西方文明的资源重组带有战争和侵略的血腥气息。

遏制发展。除了殖民和战争手段之外，欧洲近代资源组合和文明改造是伴随着对中国社会的遏制发展完成的，也使得中国失去工业革命发展的机会。"通过自由贸易，帝国主义对东方进行文化改造和遏制，可以在许多方面找到证据。首先表现在施加的不平等条约，英国通过这种手段，得以'传播文明的福祉'。这些被'赐予'了诸如巴西（1810）、中国（1842—1858年）、日本（1858）、暹罗（1824—1855年）、波斯（1836、1857）以及奥斯曼帝国（1838、1861）等许多'非欧洲'国家。这些条约剥夺了这些国家的关税自主权，关税往往被限制在最高5%。这里就揭示了第一个种族主义的双重标准，事实上，在19世纪中期所谓的自由贸易时期，欧洲国家实行的'互惠条约'是'缔约国双方'之间自由协商缔结的。这显然不同于强加给东方国家的'门户开放'条约（主要是'乙组'国家）。而且，英国并不关心在欧洲范围内实行自由贸易，这完全与其以武力在'非欧洲'世界推行自由贸易的行为相反。更普遍的是，1815年后英国对欧洲大陆采取消极的军事政策，而截然不同的是，英国不断地对东方诉诸暴力。这里第二个种族主义双重标准是，欧洲经济体通过关税保护主义而实现了工业化——的确，1700至1850年之间英国的平均关税不低于32%，而东方国家却被迫直接面对自由贸易，或者是近似自由贸易。这抑制了东方的经济发展，因为自由贸易使东方失去了建立自己幼稚工业的机会。"⑭在华物与方物的交往中，西方国家最终不能满足于华物所带去的经济、资本和利益，于是对中国物开始在接纳中显示出有选择性的审慎立场。欧洲很多国家开始走向模仿华物的研究与生产之路，慢慢脱离对华物的依赖，并遏制中国工业生产，进而对中国发动基于物质至上的政治期许和贸易掠夺，以至于近代欧洲列强诞生了在中国展开不平等贸易以及政治瓜分的梦想。"这里尤其要指出的是，这种强加给东方的不平等条约并不是基于纯粹的经济原理，而是基于一种更普遍的英国人试图施加文化改造的方式。而这种方式造成的危害往往比经济遏制更加严重。无疑，不平等条约最大的危害在于侵犯了东方国家的主权和文化自主。"⑰中国近代工业也在西方国家的遏制中慢慢地走向去工业化的一段痛苦的道路，西方帝国对近代中华物的遏制战略和不平等贸易也是中国早期工业革命夭折在摇篮中的重要原因。

概言之，在全球史观视角下，丝路华物接通了中华文明和世界文明的根脉，重组了西方文明的思想资源、制度资源和技术资源，缔造了西方文明在发展动力、帝国身份和殖民攫取方面的时空特质，彰显出从物的空间易位到文明创生的嬗变历程，展示了华物的全球丝路交往的资源功能与时空传播价值。在分析中，至少能得出以下几点启示。

第一，华物资源组合在欧洲的重组与发展，能有力回击欧洲文明中心论史学观的偏见。通过梳理丝路华物的交往史，发现欧洲文明绝非静止的，它在中华文明和其他文明的共同作用下实现了自己的转换与重组，尤其是中华文明给西方文明带去了思想资源、技术资源和制度资源的重组力量，并由此缔造了西方文明的思想启蒙、理性哲学和民主制度[58]。因此，在世界史叙事框架中，诸如"西方中心论""文明冲突论"或"文明同质论"的历史观或全球观是存在偏见的，它们试图否认或忽视中华文明在世界文明框架中的建构地位与重组价值，这是狭隘的。正如约翰·霍布森在《西方文明的东方起源》的第一章第一页上引用的美国著名文化人类学家鲁斯·本尼迪克特的观点，"历史不能被写成仅仅是属于某一群人的历史。……当所有文明都被归因于欧洲人时，这就如同某位人类学家某一天在原始部落里听到的那样——他们只是讲述自己的事情"[59]。因此，一切讲述自己文明的狭隘历史观是值得怀疑的。

第二，华物在全球丝路交往中发挥的资源组合性功能与价值，对欧洲内生性思想、制度和技术的发展具有极大的促进作用和激发功能。从持续的和历史的视角看，世界各民族和国家的文明既有强烈的内在性，又有横向的与他者文明的互动性。丝路华物为欧洲带来资源组合、资本市场和消费经济，并由此带来生活化的审美风尚和艺术思想的转换，更带去欧洲启蒙思想和理性追求，诸如西方的自然主义、民主主义、重农主义、理性主义、科学主义等也在华物交往中相继萌生，因此，丝路交往中华物给欧洲文明带去的资源重组和文明缔造的力量是明显的。

第三，建构当代"一带一路"倡议的全球意义深远，它能把中国资源组合带向全球，有效重组世界资源的结构与动力。"一带一路"是当代中国向世界敞开的文明之路，对于全球文明的交往与互鉴具有重要意义和价值，尤其是能给全球资源重组带去发展的思想、制度和技术。对于"一带一路"中国货物向世界的输出、传播与影响，要从历史的、持续的和全球的视角看待，任何忽视或拒绝"一带一路"发展倡议与全球发展的观点都是狭隘的。

注　释

① 沃尔夫.欧洲与没有历史的人民［M］.赵丙祥，刘传珠，杨玉静，译.上海：上海人民出版社，2006：7.

② 恩格斯.工业革命促进了英国交通运输业的发展［M］.马克思，恩格斯，列宁，等.马克思恩格斯列宁斯大林论交通运输［M］.韩托夫，编.北京：人民交通出版社，1959：65.

③ Ferguson W K，Bruun G，Becker C L. A Survey of European Civilization, Ancient times to the Present ［J］. *Journal of Geophysical Research：Atmospheres*, 1939, 81(5):861—872.

④ 霍布森.西方文明的东方起源［M］.孙建党，译.济南：山东画报出版社，2009：27.

⑤ 霍布森.西方文明的东方起源［M］.孙建党，译.济南：山东画报出版社，2009：33.

⑥ 转引自霍布森.西方文明的东方起源［M］.孙建党，译.济南：山东画报出版社，2009：35.

⑦ 霍布森.西方文明的东方起源［M］.孙建党，译.济南：山东画报出版社，2009：34.

⑧ 张云.上古西藏与波斯文明：增订本［M］.北京：中国藏学出版社，2017：50.

⑨ 王敏.中国传统建筑瓦当装饰中的"连珠纹"及其流变考［J］.艺术百家，2018，34（04）：147—151.

⑩ 许新国.连珠纹与哈日赛沟吐谷浑古墓发掘［J］.青海民族大学学报（社会科学版），2011，37（04）：89—91.

⑪ 谢涛，谢静.敦煌图像服饰上的联珠纹初探［J］.敦煌学辑刊，2016，（02）：146—155.

⑫ 荣新江.略谈徐显秀墓壁画的菩萨联珠纹［J］.文物，2003，（10）：66—68.

⑬ 马文宽，孟凡人.中国古瓷在非洲的发现［M］.北京：紫禁城出版社，1987：37.

⑭ 王冠宇.葡萄牙旧圣克拉拉修道院遗址出土十六世纪中国瓷器［J］.考古与文物，2016，（06）：133.

⑮张步天：《中国历史地理》（下），长沙：湖南大学出版社，1988年，第381页。

⑯李庆新.海上丝绸之路［M］.合肥：黄山书社，2016：286.

⑰田秋平：《海外潞商》，太原：北岳文艺出版社，2015年，第35页。

⑱吴春明.涨海行舟：海洋遗产的考古与历史探究［M］.北京：海洋出版社，2016：162.

⑲ Perlmutter H V. On the Rocky Road to the First Global Civilization［J］. *Human Relations*, 1991, 44(9):897—920.

⑳霍布森.西方文明的东方起源［M］.孙建党，译.济南：山东画报出版社，2009：3.

㉑ Mische, Merkling P， Melissa (eds.). Toward a Global Civilization? The Contribution of Religions ［J］.*P. Lang*, 2012.

㉒ Durant W. The Reformation: A History of European Civilization from Wyclif to Calvin: 1300—1565 ［J］. *Research of Environmental Sciences*, 1957, 23(11):1395—1404.

㉓ Mische, Merkling P， Melissa (eds.). Toward a Global Civilization? The Contribution of Religions ［J］.*P. Lang*, 2012.

㉔杨武能，莫光华.歌德与中国：新版插图增订本［M］.成都：四川人民出版社，2017：56.

㉕利奇温.十八世纪中国与欧洲文化的接触［M］.朱杰勤，译.北京：商务印书馆，1962：28.

㉖霍布森.西方文明的东方起源［M］.孙建党，译.济南：山东画报出版社，2009：181.

㉗霍布森.西方文明的东方起源［M］.孙建党，译.济南：山东画报出版社，2009：181.

㉘霍布森.西方文明的东方起源［M］.孙建党，译.济南：山东画报出版社，2009：182.

㉙克拉潘.简明不列颠经济史：从最早时期到1750年［M］.范定九，王祖廉，译.上海：上海译文出版社，1980：161.

㉚ Lemmink.J.P.S. and van Koningsbrugge.J.S.A.M.（eds.）Baltic Affairs. Relationsbetween the NetherlandsandNorth-eastern Europe 1500—1800 ［C］.

Nijmegen，1990.

㉛ Herman Van Der Wee. Structural Changes and Specialization in the Industry of the Southern Netherlands， 1100—1600〔J〕. *The Economic History Review*，*New Series*，*Vol. 28*，No.2.1975.

㉜〔明〕严从简.殊域周咨录〔M〕.余思黎，点校.北京：中华书局，1993：321—322.

㉝霍布森.西方文明的东方起源〔M〕.孙建党，译.济南：山东画报出版社，2009：48.

㉞金国平，吴志良.流散于葡萄牙的中国明清瓷器〔J〕.故宫博物院院刊，2006，（03）：104.

㉟霍布森.西方文明的东方起源〔M〕.孙建党，译.济南：山东画报出版社，2009：186—187.

㊱霍布森.西方文明的东方起源〔M〕.孙建党，译.济南：山东画报出版社，2009：190.

㊲霍布森.西方文明的东方起源〔M〕.孙建党，译.济南：山东画报出版社，2009：191.

㊳霍布森.西方文明的东方起源〔M〕.孙建党，译.济南：山东画报出版社，2009：194.

㊴霍布森.西方文明的东方起源〔M〕.孙建党，译.济南：山东画报出版社，2009：267.

㊵ Powell C F. The Role of Pure Science in European Civilization〔J〕. *Physics Today*, 1965, 18(5):56—64.

㊶沃尔夫.欧洲与没有历史的人民〔M〕.赵丙祥，刘传珠，杨玉静，译.上海：上海人民出版社，2006：131.

㊷沃尔夫.欧洲与没有历史的人民〔M〕.赵丙祥，刘传珠，杨玉静，译.上海：上海人民出版社，2006：131.

㊸玛丽奥特.数字解读世界史〔M〕.李菲，译.北京：民主与建设出版社，2016：76.

㊹葛桂录.中外文学交流史：中国—英国卷〔M〕.济南：山东教育出版社，2015：402.

㊺布罗斯.发现中国〔M〕.耿昇，译.济南：山东画报出版社，

2002：93.

㊻ Durant W. The Reformation: A history of European Civilization from Wyclif to Calvin: 1300—1565 ［J］. *Research of Environmental Sciences, 1957*, 23(11):1395—1404.

㊼ 霍布森．西方文明的东方起源［M］． 孙建党，译．济南：山东画报出版社，2009：266.

㊽ 沃尔夫．欧洲与没有历史的人民［M］． 赵丙祥，刘传珠，杨玉静，译．上海：上海人民出版社，2006：34.

㊾ 霍布森．西方文明的东方起源［M］． 孙建党，译．济南：山东画报出版社，2009：200.

㊿ 利奇温．十八世纪中国与欧洲文化的接触［M］．朱杰勤，译．北京：商务印书馆，1962：67.

(51) 霍布森．西方文明的东方起源［M］． 孙建党，译．济南：山东画报出版社，2009：233.

(52) 任平．走向交往实践的唯物主义——马克思交往实践观的历史视域与当代意义［M］．北京：人民出版社，2003：125.

(53) 辛茨．青岛：1897—1914［M］．亨克尔，景岱灵，译．青岛：青岛出版社，2011：148—149.

(54) Ferguson W K, Bruun G, Becker C L. A Survey of European Civilization, Ancient Times to the Present ［J］. *Journal of Geophysical Research: Atmospheres*, 1939, 81(5):861—872.

(55) 霍布森．西方文明的东方起源［M］．孙建党，译．济南：山东画报出版社，2009：230.

(56) 霍布森．西方文明的东方起源［M］．孙建党，译．济南：山东画报出版社，2009：231.

(57) 霍布森．西方文明的东方起源［M］．孙建党，译．济南：山东画报出版社，2009：231.

(58) Durant W. The Reformation: A History of European Civilization from Wyclif to Calvin: 1300—1565 ［J］. *Research of Environmental Sciences*, 1957, 23(11):1395—1404.

(59) 霍布森．西方文明的东方起源［M］．孙建党，译．济南：山东画报出版社，2009：1.

主要参考文献

一、中文文献

〔西汉〕司马迁.史记［M］.长沙：岳麓书社，2016.

〔唐〕魏征，令狐德棻.隋书（第6册）［M］.北京：中华书局，1973.

〔宋〕欧阳修、宋祁：《新唐书》，北京：中华书局，1975年。

〔宋〕朱彧：《萍洲可谈》，北京：中华书局，1985年。

〔元〕周达观：《真腊风土记校注》，北京：中华书局，1981年。

〔明〕巩珍：《中外交通史籍丛刊》，北京：中华书局，2000年。

〔明〕严从简著，余思黎点校：《殊域周咨录》，北京：中华书局，1993年。

蔡运章等：《洛阳钱币发现与研究》，北京：中华书局，1998年。

李春辉：《拉丁美洲史稿》（下），北京：商务印书馆，1983年。

向达整理：《郑和航海图》，北京：中华书局，2000年。

姚贤镐.中国近代对外贸易史资料（1840—1896）（第1册）［M］.北京：中华书局，1962.

张星烺.中西交通史料汇编（第1—2册）［M］.朱杰勤，校订.北京：中华书局，2003.

二、外译文献

阿诺德·汤因比：《希腊精神：一部文明史》，乔戈译，北京：商务印书馆，2015年。

赫德逊：《欧洲与中国》，北京：中华书局，1995年。

莱斯利·A.豪：《哈贝马斯》，陈志刚译，北京：中华书局，2002年。

赖德烈：《早期中美关系史1784—1844》，陈郁译，北京：商务印书馆，1963年。

多米尼克·戴泽：《社会科学》，彭郁译；郑立华校，北京：商务印书馆，2015年。

利奇温.十八世纪中国与欧洲文化的接触［M］.朱杰勤，译.北京：商务印书馆，1962.

木宫泰彦：《日中文化交流史》，胡锡年译，北京：商务印书馆，1980年。

符拉索娃，阿列克赛耶夫，座勃夫，等.荷兰［M］.王正宪，蒋相泽，端木正，等译. 北京：商务印书馆，1959.

利玛窦，金尼阁. 利玛窦中国札记 ［M］. 何高济，王遵仲，李申，译. 北京：中华书局，1983.

陈－罗德里格斯. 拉丁美洲的文明与文化 ［M］. 白凤森，杨衍永，刘德，等译. 北京：商务印书馆，1990.

齐安·亚菲塔：《艺术对非艺术》，王祖哲译，北京：商务印书馆，2009年。

三、外文文献

Owyoung S D. East Asian Art and American Culture: A Study in International Relations. By Warren I. Cohen. New York: Columbia University Press, 1992. Pp. xxi+264 ［J］. *The Journal of American East Asian Relations*, 1994, 3（3）: 73—78.

Reichwein A, Powell JC. *China And Europe Intellectual And Artistic Contacts In The Eighteenth Century* ［M］.// Kegan Paul, Trench, Trubner, Knopf, 1925.

Meister M W. In Making things in South Asia: the Role of Artist and Craftsman ［J］. *Department of South Asia Regional Studies*, 1988.

Jensen A L. Philadelphians and the China Trade, 1784—1844, by Jean Gordon Lee; Philip Chadwick Foster Smith ［J］. *The William and Mary Quarterly*, 1985,42(1):158—160.

Bridenbaugh C. *The colonial craftsman* ［M］. New York University Press, 1950.

Roe R B F G. Chinoiserie: The Impact of Oriental Styles on Western Art and Decoration by Oliver Impey; Ivories: A History and Guide by Charles Platten Woodhouse［J］. *Journal of the Royal Society of Arts*, 1978, 126（5263）: 442.

Levi S. First Globalization: The Eurasian Exchange, 1500—1800 ［J］. *Comparative Studies of South Asia Africa and the Middle East*, 2007, 27（02）: 671—678.

Haas R B, Crossman C L. The China Trade: Export Paintings, Furniture, Silver & Other Objects ［J］. *American Historical Review*, 1974, 79（03）.

Milliot E. *The Paradoxical Dynamics of Globalization* ［M］// the Paradoxes of Globalization. Palgrave Macmillan UK，2010.

Foucault M. Madness and Civilization：A History of Insanity in the Age of Reason ［M］.New York: Pantheon Books, 1965.

Leite，José Roberto Teixeira. *A China no Brasil：influências, marcas, ecos e sobrevivências chinesas na sociedade e na arte brasileiras* ［M］. Editora da Unicamp, 1999：91.

Mumford L. *Technics and civilization* ［M］. London: George Routlodge and Sons, Ltd., 1934.

Rifkin J. Time Wars：*The Primary Conflict in Human History* ［M］. New York: Henry Holt and Co., 1987.

Sloley R B R W. Ancient Egyptian Materials and Industries by A. Lucas［J］. *The Journal of Egyptian Archaeology*，1948，34：125—126.

Loureiro R M. *Um Tratado sobre o Reino da China*（《有关中国的一篇论文》）［M］. Instituto Cultural de Macau, 1992:23.

Frei Gaspar daCruz, Tractado das Cousas da China e de Ormuz［J］.，*Portucalense Editora，Barcelos*，p.XIV，47，1937，p13.

Robinsons. *A History of Printed Textiles* ［M］. London：Studio Vista, 1969:78—79.

Dauterman C C. Dream Pictures of Cathay：Chinoiserie on Restoration Silver ［J］. *The Metropolitan Museum of Art Bulletin,* 1964, 23(01):16.

May，M. G. "CHINOISERIE." ［J］. *English 2.8*（*1938*）：98—99.

Cescinsky H. Lacquer Work in England I I. English Lacquer ［J］. *The Burlington Magazine for Connoisseurs*, 1911,19(02)：337.

Haas R B，Grossman C L. The China Trade：Export Paintings, Furniture，Silver & Other Objects ［J］. *The American Historical Review*, 1974，79（3）.

Isaacs H R. Scratches on our minds：American images of China and India ［J］. *Far Eastern Survey*，1958，28（2）：31—31.

Priestman Seth M N. *Settlement & Ceramics in Southern Iran：An Analysis of the Sasanian & Islamic Periods in the Williamson Collection* ［D］. Durham:

Durham University, 2005:5.

Jose ' Roberto TeixeiraLeite, A China no Brasil［J］.*Editora daUnicamp*, 1999, p.91.

JThurstan S. Kirkman James：Fort Jesus：A Portuguese fortress on the East African coast［J］. *Antiquity*, 1975, 49（194）：327 pp.150.

Schilling M R Khanjian H, Chang J, et al. Chinese lacquer：Much more than Chinese lacquer［J］. *Studies in Conservation*, 2014, 59:S132.

Freeman. *Grenville G S P.The medieval history of the coast of Tanganyika*（《中世纪坦噶尼喀沿岸史》）［M］.London:Oxford University Press, 1962:222.

Schaap E. Three Delft Pieces in the Philadelphia Museum of Art［J］. *Philadelphia Museum of Art Bulletin*, 1967, 62(294):284.

McNeill W H. *The Rise of the West：A History of the Human Community*［M］.University of Chicago Press, 1963.

Impey O. Chinoiserie：*The Impact of Oriental Styles on Western Art and Decoration*［M］. London：George Railbird Ltd., 1997:117—118.

Ghilraen Bishop Laue. Exploring regionality in the rock art of the Groot Winterhoek Mountains, Eastern Cape Province, South Africa［J］. *Azania：Archaeological Research in Africa*, 2019, 54（4）.

Lemmink.J.P.S. and van Koningsbrugge.J.S.A.M.（eds.）Baltic Affairs. Relationsbetween the NetherlandsandNorth-eastern Europe 1500—1800［C］. Nijmegen, 1990.

Herman Van Der Wee, Structural Changes and Specialization in the Industry of the Southern Netherlands, 1100—1600［J］., *The Economic History Review*, *NewSeries*, Vol. 28, No.2.1975.

2014 年 3 月 27 日，中国国家主席习近平在联合国教科文组织总部发表演讲时提出："文明因交流而多彩，文明因互鉴而丰富。"2019 年 5 月 15 日，习主席在亚洲文明对话大会开幕式上强调："文明因多样而交流，因交流而互鉴，因互鉴而发展。"2019 年第 9 期《求是》杂志上刊发习近平总书记的文章——《文明交流互鉴是推动人类文明进步和世界和平发展的重要动力》。近些年，随着全球化时代的来临，交流、互鉴与融合的全球史观逐渐被人们所接受。在此背景下，"丝路中外工匠文化交流研究"成为了我的研究项目。项目组汲取本领域已有学术研究成果，借鉴同行专家之研究经验，采取学科交叉之研究方法，以中华技术物的海外传播为研究突破点，多维度展开丝路文明互鉴体系研究，在学术思想、理论观点、研究方法、数据资料等方面有了一些创新发现，对如何解决实际问题提出一些新见解。

在学术思想层面，首先提出丝路文明互鉴研究范式的困境与援引，指出复合性研究范式不是单向性研究范式的简单相加，而是具有亲缘关系的研究范式的共谋与联姻，认为丝路文明史首先是人类史、时空史和文化史，进而援引历史人类学、时空社会学和文化传播学三大复合性研究范式，为丝路文明史研究提供崭新的范式工具；其次提出在全球史视角下丝路中华技术物遗产是全球共享的技术景观思想。丝路中华技术物借助宗教、贸易、朝贡等途径，实现从技术物到文明物的全球传播，剖析了从物的位移到思想质变的发展历程，重构了丝路沿线民众的生活系统、伦理系统、精神系统和文明系统，创生了跨国家、跨地区和跨民族的全球技术文明，展示了中华技术物的全球传播功能与价值；最后提出了丝绸之路是"侨易之路"的观点。在侨易论视野下，物的流动把丝路商旅、传教士、工匠等侨易主体紧密地联系在一起，并通过贸易、宗教、朝贡等多种侨易路径，实现全球丝路物的交往，展现出物的侨易的全球功能与价值。物的侨易不仅带来了丝路民众对器物、帝国和制度的跨文化想象，沟通了全球民众之心，还创生了全新的技术、文化与文明。

在理论观点层面，研究认为，首先要发挥物的交往与物的传播作用，拓宽中国与丝路商品贸易交往的渠道，加快中国文化传播速度。在全球史视角下，"流动的物"作为丝路贸易和交往的对象，既是全球文化、习俗和技术的传播载体，又是全球思想、精神和美学的侨易介质。在传播史上，丝路上物的传播具有全球传播的典范意义。物的传播是文化传播的一种形式，它伴随人类社会的发展。物作为文化物、习俗物和技术物，在丝路交往中被广泛传播，进而产生了物的文化传播、习俗传播、技术传播等传播范式；其次要关注丝路文艺交往的作用，促进丝路沿线国家民心交往，实现中国现代文艺美学的全球传播，提升中国在全球文艺发展中的身份地位。物的交往是全球民心沟通使然，在中外丝路交流中，中外民众越发感到全球化的迫切性，更意识到中外物的交换与物的交往的重要性。这一切来自生活的交往与思想的交往的重要性。物的交往就是物的文化交往，更是中外民心的交流。全球化的本质不是物的全球化，也不是贸易的全球化，它本质上是民心的全球化，其最终目标就是形成全球人类命运共同体；再次要重视中国丝路遗产技术物，发挥中国地方性技术文明的历史作用，建构中国经济社会科学的技术人文观和文明发展观，彰显中华文明在全球文明体系中的卓越建树与独特价值。在人类历史文明长河中，物质文明总是紧密联系着技术文明、经济文明、制度文明等人类几乎能联系上的诸种文明样态。重视中国厚重的丝路技术文明，就能够更好地发挥中国地方性技术文明特色在经济文明建设中的价值与作用。最后要聚焦中国与海外资源的重组与创新，既要怀有外化性模仿发展思维，又要提升内生性资源重组能力，更要锤炼锐意进取的革新气魄。资源组合的传播与吸收是丝路文明互鉴的根本偏向，丝路的对话、交流与互动是多元资源组合的对话、交流与互动。中国的内生性资源丰厚，积极吸纳全球资源，在外化、内生与革新中实现中国资源再组合的意义深远。

是为跋，以志著事。

潘天波

辛丑年，六月廿八日

潘天波《考工格物》书系